U0813662

# 有远见的领导者

YouYuanJianDeLingDaoZhe

（日）北垣武文◎著
刘峰◎译

求真出版社

**图书在版编目（CIP）数据**

有远见的领导者/（日）北垣武文著；刘峰译. —北京：求真出版社，2014.6
ISBN 978-7-80258-218-7

Ⅰ.①有… Ⅱ.①北… ②刘… Ⅲ.①企业领导学 Ⅳ.①F272.91

中国版本图书馆 CIP 数据核字（2014）第 077190 号

Visionary Leader by Takefumi Kitagaki
Copyright © 2010 Takefumi Kitagaki
Simplified Chinese translation copyright © 2010 by QUESTRUTH PRESS Co., Ltd.
All rights reserved.
Original Japanese language edition published by Diamond, Inc.

Simplified Chinese translation rights arranged with Diamond, Inc. through Beijing GW Culture Communications Co., Ltd.

著作权合同登记号 图字：01-2011-2466 号

## 有远见的领导者

著　　者：（日）北垣武文
译　　者：刘　峰
出版发行：求真出版社
社　　址：北京市西城区太平街甲 6 号
邮政编码：100050
印　　刷：北京佳信达欣艺术印刷有限公司
经　　销：新华书店
开　　本：880×1230　1/32
字　　数：80 千字
印　　张：4
版　　次：2014 年 9 月第 1 版　2014 年 9 月第 1 次印刷
书　　号：ISBN 978-7-80258-218-7/F·7
定　　价：20.00 元
编辑热线：（010）83190226
销售服务热线：（010）83190289　83190292　83190297

**版权所有　侵权必究**　　　　**印装错误可随时退换**

# 有远见的领导者

## ——通过确立个人愿景，使组织成果最大化

我的工作，是为公司经营提供支持，因此结识了很多企业的领导者。还有，作为企业管理职位研修生以及大学研究生和社会人商业学校的讲师，我同许多希望成为优秀领导者的人士进行过大量交流。总结过去的经验，我感触颇深的是许多人在如何发挥领导力的问题上存在困惑。

根据我的观察，存在这种困惑的人有一个共通特点，那就是强烈关注“如何做才能建立威信，让别人跟随自己走”这一问题。作为这种关注的结果，人们普遍认为，把学习“如何指挥别人”的方法作为工作技能，是掌握领导力的最佳手段。

无论是对自己的直接部下、公司外部的关系者，还是特殊情况时的上司，如果周围的人不能根据领导的意图共同行动，那么就无法取得预期的成果。因此，时刻关注能够指挥员工的组织结构，并熟悉这样的组织结构是理所当然的。依照上面的情形，可以得出“想要学习领导力等于想要掌握指挥人的艺术”这样的关系式。在书店里浏览有关领导力的图书，或者参加企业研修和 MBA 课程，一般都是把发挥领导力的着眼点放在“如何指挥他人的技能”上面。

但是在实际操作上，即使运用了如何指挥别人的技能，也无法顺利地施行；运用越多，施行起来就越困难。有过类似经历的人很多。作为领导力理论的研究者，还有企业经营咨询顾问，我长期以来一直对这种现象感到疑问。不断致力于研究“操控他人的手段”，难道就是领导力的真正本质吗？正是这样的问题意识，成为我写作本书的动机。

正在发挥优秀领导力的人，并不在意“如何指挥他人”。反而那些过度依赖这些方法论的人，或者沉迷于权利游戏，或者理论使用过度，深陷领导力难以发挥的怪圈。在这种状况下，即使你认为已经发挥了领导力，如果周围的人并不是发自内心的信服的话，很明显这并不是真正的领导力。

假设领导力是一种技能，任何有读写能力的人都可以掌握这种能力，那么无论任何人都可以成为优秀的领导者。可是，现实并非如此。领导力并不是保存在技能世界里的工具，我对此感同身受，相信许多读者也有同感。

究竟何为领导力的本质？本书将针对这个课题进行讲解。

本书中展开的领导力理论其实非常简单。那就是“首先从使自己处于强势的领导地位开始，发挥自己的领导力”。优秀的领导者都毫不例外地拥有“无论如何×××都要实现”这样充满想象力的愿景，由此自然而然地充满激情，并投入到实现愿景的行动中。领导者实现愿景的过程，必然带动周围的人参与其中。指挥他人并不是目的，面对众人发挥领导力才是真正需要的结果。正是在这样的过程中，领导者从“意志坚强的个人”真正转变成“集体的领导者”。

这种思维方式同以前的领导力理论比较起来，好像还欠缺些什么。自己是否过分集中关注“如何指挥他人”呢？这样做的结果，是否将领导力理论变成了领导技能理论呢？好在这只是我自己的见解，广大读者并不这样认为。那些为无法发挥领导力而苦恼的人，请首先扪心自问“自己做好了成为领导者的准备吗”？如果你不能自信地回答“YES”，那么在想要掌握指挥他人的技能之前，请继续阅读本书。

今后考虑领导力的时候，“如何指挥他人”并不重要，确立像“无论如何×××都要实现”这样充满想象力的愿景才是最重要的。拥有如此强大的愿景，并带动志同道合的人共同去实现愿景的人，我称之为“有远见的领导者”。有远见的领导者正是具备了如此坚定的意志，成为充满激情的活动主体，在团结人们共同奋斗方面，能够发挥强大的领导力。我们能够看到的领导者那一部分，只是表面上指挥别人，但对于领导力的本质，却是完全看不见的。

本书中，以上述问题为基础，针对领导力，我阐述一下自己独特的见解和发掘解决问题的实践方法。

首先在第一章，揭示了以愿景为核心的领导力的重要性，明确说明优秀领导者无一例外都具备有远见领导者的品质。接下来第二章，讲述当今为何对有远见领导者如此求贤若渴的时代背景。这一章只是从肤浅的学问视点出发进行论述。要是对这样的观点并不关心的读者，请您选择性地阅读也没有关系。

第三章，针对愿景进行更加深入的探讨。在这里，关键是作为愿景核心的 Will，即被称为领导者的“自我生存意愿”的强烈愿望。第四章，详细介绍从自身角度确立目标的方法。这个方法论，在我的企业管理咨询活动中和企业研修现场已经实际应用了，是经过实践检验的研究成果。最后的第五章，论述领导者为团结周围人共同奋斗而采用的有效的实践方法——“授权领导模式”，并引用具体事例进行解说。

本书不只是提供如何发挥领导力的相关知识，还要感谢大家，为我提供了表达自己对领导力的点滴思考的机会。以领导力研究作为切入点，我的思想驰骋在现在和未来之间。如果本书能够成为您再次直面人生的契机，那么我将感到三生有幸。

北垣武文

2010 年 2 月

# 目 录

# 第一章

# 愿景造就领导力

# 领导力的前提

优秀的领导者，无一例外都拥有明确的愿景，并吸引、激发周围的人为之共同奋斗。像这样胸怀愿景，率先垂范，充分发挥领导力的人，我称之为“有远见的领导者”。

领导者的愿景，不是眼前的目标，也不是组织当前面临的课题，而是满怀激情，不辞辛劳，值得为之献身的伟大事业。

为此，领导者率先行动，以自己的激情和行动力感染周围的人，吸引他们也参与到这项伟大事业中。从此，才出现“领导者”和“追随者”的关系。很明显，这并不是由组织结构和权力关系决定的。追随者是认同领导者的愿景而自发参与其中的。

放眼当今社会，因为强权、因为权衡利弊得失而成为“追随者”的情形屡见不鲜。“不按领导的指示办，在人事考核上，肯定会通不过”，或者“虽然不喜欢那个人，可是他有可能升迁，因此不得不服从”，这也是司空见惯的吧。当然，对领导者来说，这也未必是理想的人际状态。

领导者肯定希望出现愿意跟随、支持自己的追随者；追随者也希望有值得自己追随、支持的领导者。如何形成这种关系？这就要求领导者必须提出明确的愿景，引起周围人的共鸣。

愿景赋予组织目标以意义，是指引组织前进的方向。有了愿景，领导者和追随者才以饱满的热情投入行动，为实现愿景而持续奋斗。因此，愿景是领导力的原点。

## 构成领导力的两个层面

在讨论什么是有远见领导者之前，首先必须明了“什么是领导力”。那么领导力的确切定义是什么呢？

记得在我最初接触的教科书上，对领导力是如此定义的：“领导力就是对组织施加影响，促使其实现既定目标的能力。”翻阅其他教材和书籍，可以发现也都采用相同或相似的定义，因此本书也采用这个定义。

仔细研究这个定义，很容易发现领导力由两个层面构成（如图1所示）。

（1）设定预期目标

（2）施加影响，促成目标的实现

很多人更加关心层面（2），希望学会“对组织施加影响力

【图1】构成领导力的两个层面

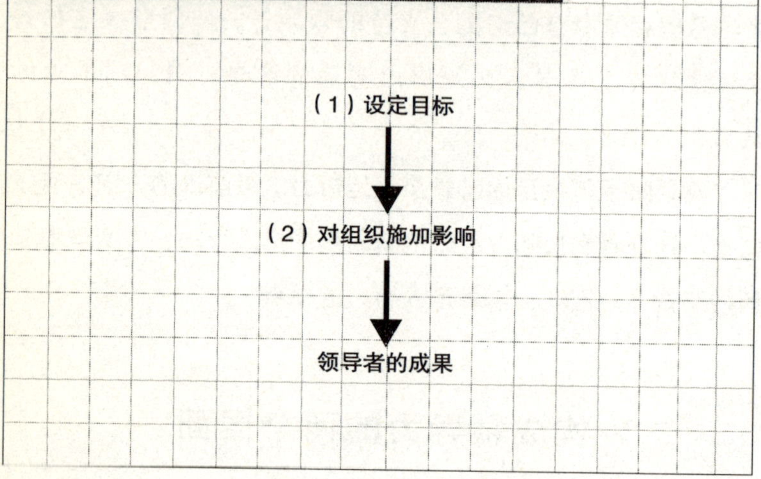


的方法”。这也无可厚非，毕竟，一个人能做的事是有限的。要想成就一番事业，就必须赢得周围人的支持，也就不得不考虑“如何操纵他人”。因此，有志成为领导者的人，总是努力学习沟通技术，激励技术，还有思考力和战略力。

但是，即使具备了这些能力，也并不一定能实现目标。那是由于过分关注层面（2)，而忽视了层面（1)。

凡事都有先后顺序。建造房屋的时候，首先要制作设计图纸，然后才能开始施工。如果建筑效果图让人怦然心动，那么人们施工时也会充满热情。要发挥领导力，同样也有顺序的问题。首先必须有富于激情的愿景，领导者亲自带头奋斗；然后周围的人才可能受到感染，参与进来。如果愿景本身苍白无力，那么很难想象，会有人愿意参与，当然对组织的影响力自然也无从说起。这也正是本书的前提之一。

领导者对自己的愿景充满激情，就会强烈希望拥有沟通技术、激励技术、思考力和战略力，并且自主地去学习。掌握了这些技术，对组织施加影响的能力也自然提高。

考察那些青史留名的领导者，可以发现，愿景是何其重要。

松下幸之助先生，胸怀幼时的心愿，打造出为社会带来崭新变化的松下电器产业。井深大先生为了“以自己擅长的技术建立理想的工厂”，而创建了东京通信工业（现索尼公司），不断为社会创造新的价值。两位先生的共同特点是，在实现自己愿景的过程中，自然而然地吸引周围的人参与其中，共同奋斗，发挥了领导力。

还有马丁·路德·金牧师。他有一个创造平等社会的梦想，并为之奋斗，从而吸引、感染了广大民众，成为指导者。

阅读他们留下的著作，可以强烈地感受到这点。那已经超越了“无论如何都要实现”的文字层面，处处散发出炽热的激情。他们有无论如何都要实现的事业，需要众人的参与和支持。自然而然地，他们的领导力得到发挥，这才是领导力的本质。因此，领导力不是“如何操纵别人”，而是“为何要吸引、激励别人参与其中”。

# 伟大领导者的愿景

前面列举的三位领导者，并不是因为操纵别人才成为领导者。他们胸怀“无论如何都要成就某项事业”的强烈愿望，在为愿景而奋斗的过程中自然而然地成为领导者。他们的愿景非常明确，而萌生的激情也非常人可比。

松下幸之助先生出生在百业萧条的战争时期。家庭贫困，接二连三地失去兄弟姐妹，最后父母双亡。他 9 岁就住到别人家里去当学徒，后来成为工人，在 23 岁时独立创业。那时，他一定希望摆脱一直以来的贫困，并对自己的技术非常自信吧。在顾客至上的理念和勤勉的企业文化中，松下电器产业不断推出具有市场竞争力的产品，成长为世界著名的企业。但是，松下先生作为卓越的领导者，应该被大家铭记的并不只是他所取得的丰功伟绩，还有他一直坚持的被称为“水道哲学”的愿景。

松下先生 38 岁的时候，已经成为领导着 1100 名员工的企业家。那一年，在一次全体员工大会上，他发表了下面的讲话：

“产业界人士的使命就是克服贫困，为社会带来财富，将整个社会从贫穷状态中解救出来。产业界人士责无旁贷，必须源源不断地生产出如自来水般便宜的产品。这一目标实现后，贫穷将从地球上消失。从今以后，这个远大的梦想，这个令人尊敬的职业，将成为吾辈的理想，吾辈的使命。我们必须使之实现。诸君有缘在松下电器工作，我相信你们一定会齐心协力，为实现这项使命而共同奋斗。为此，我将屹立潮头，不辜负诸君的信任和热情，引领诸君奋勇前进。”

这就是松下先生的“水道哲学”。这并不是松下先生在创业之初就明确提出的。不过，可以想象，幼年时代的苦难，以及摆脱贫困的强烈愿望，一定也是产生“水道哲学”的背景之一。假如他只是为了赚钱或博取个人名声，松下电器有可能成长为巨大的企业集团吗？

井深大先生和盛田昭夫先生也是日本具有代表性的企业家。在创立索尼的前身东京通信工业的时候，井深大写下了“创立宗旨书”，其中包含如下名句：

“建设一个自由、开拓、愉快的理想工厂，让技术人员充分发挥他们的卓越技术。”

用通俗的话来说，就是“创建一个让每个人的能力和热情都得到最大程度发挥的理想企业”。1976 年 5 月 7 日，在东京通信工业的成立仪式上，井深大先生具体阐释道：

“我们还没有实力与大公司竞争，生产与他们同样的产品。但是，技术的提升空间是无限的，我们就以自己的技术为祖国作贡献吧。”

这就是井深大先生描绘的美好愿景。

井深大先生少年时代就对机械产生了浓厚兴趣。一有机会，他就拆卸或组装身边的机械，不断探索。在战争期间，他被军方相中，开始研发新式武器。和盛田昭夫先生的相遇，也是在“战时研究会”，一个研究电波和电子应用技术的机构。在日本接受波茨坦宣言承认战败的第二天，井深大先生就派遣员工去东京，自己也随后赶到。他筹措资金设立事业所，开创自己的新事业。

井深大先生热爱机械，希望以此为社会作贡献，这成为他的愿景。他的愿景促进了技术的开发，并为之创造了新的市场。现在，他的愿景已经升华为索尼的企业精神。

马丁·路德·金牧师作为美国民权运动的指导者，获得了诺贝尔和平奖，得到全世界的高度评价。他的演讲《我有一个梦想》感动了无数人。在他的感召下，人们开始行动起来，以巨大的热情投身民权运动。正是金牧师的巨大影响力使他成为领导者。

金牧师于 1929 年出生在美国佐治亚州的亚特兰大市。6 岁时的一次经历让他刻骨铭心。在同附近的白人孩子一起玩耍的时候，他听到一位母亲这样训斥自己的孩子，“不要和黑人一起玩!”从此，种族歧视成为巨大的阴影，开始笼罩在他的心头。在以后的生活中，种族歧视更是如影随形，带给他巨大的心理创伤。可是，他并没有仇恨这一切。他保持克制，彻底贯彻非暴力主义，坚持通过言论宣传民权运动的正当性。后来，民权运动终于取得丰硕成果，美国公民权法诞生了，种族歧视在法律上被彻底废除。

金牧师作为神职人员，也许有不信奉暴力革命的一面。但他更相信人类生而平等，梦想着实现人人平等的社会。

“我梦想有一天，在佐治亚州的红色山冈上，昔日奴隶的后代能够同昔日奴隶主的后代同席而坐，亲如手足。”

这段名言形象地表达了他的梦想和信念，让无数的人深受感动。

他是为了成为领导者而特意发挥影响力的吗？为了吸引听众，他又精心准备讲演稿了吗？答案是否定的。实际上，这是一次名副其实的即兴演讲。他只是将常年萦绕在心中的梦想转换成语言，向听众描绘而已。

实现愿景，需要很多人与之共鸣，并采取行动。于是，他在群众集会上演讲，使个人的愿景升华为大家的共同愿景，并为其实现而共同奋斗。

## 领导力的本质

毋庸置疑，从伟大的领导者那里可以学到很多东西。但是必须慎重思考，该学习哪些方面。如果只是简单、片面地模仿，并不能成为优秀的领导者。

松下先生始终保持领导者的威严，时常大声痛斥部下。他激烈的情绪让现场所有人都感到恐慌。井深大先生想到什么好点子就立即让部下去尝试。金牧师针对企业内部的种族歧视问题，号召大家开展“不购买运动”，利用民众的力量从经济上对企业施加压力。

如果片面模仿他们，大声痛斥部下，或让部下随着自己的灵感转，或玩权力游戏，就能够发挥领导力吗？或许你会认为，这些只是他们的消极方面，没有必要去模仿。但是，这些也是他们的实际行为，是他们发挥领导力的手段之一。

松下先生曾在销售商大会上，深深地鞠躬，感谢大家的支持，令参加者大为感动。井深大先生真挚地倾听部下的建议，并积极为他们承担责任。金牧师无论面对怎样的暴力，都坚决不报复。模仿这样值得肯定的行为就能发挥领导力吗？答案也是同样的。

金牧师的演讲经常被当作范本。戏剧性的展开、强烈的感染力、明快的语言风格等，都是人们极力模仿的。但是，模仿这些，自己的演讲就能打动人心了吗？同样，你会发现，流传世间的领导力技术，也并没有如人们想象的那样神奇。

向伟大的领导者学习的，不是他们的“实际行为”，而是他们“指导行动，赋予行动正当性的愿景”。前面的三位领导者，如果没有明确的愿景，也不可能如此成功地发挥领导力。

他们正是胸怀愿景，为实现愿景而积极行动，才吸引周围的人参与进来，共同奋斗，发挥出令世人惊叹的领导力。

我接触过很多商界领导者，他们的情况也同样如此。是否胸怀愿景，可以说决定了他们事业的成败。

胸怀愿景的领导者，个个富于激情，拥有明确的前进方向。他们率先垂范，亲力亲为，吸引周围的人参与进来，构筑良好的合作关系。有这样的领导者，周围的人也变得富于活力，积极性高涨，形成凝聚力强的组织。领导者不是一个人在唱独角戏，即使他存在不足，周围的人也会自发地予以弥补，大家共同前进。

如果领导者没有愿景，那简直是企业的灾难。领导者没有明确的前进方向，就容易追逐眼前的利益。压力增大时，就可能冲着部下发脾气，或向他人转嫁责任。这样的领导者周围缺乏活力，员工没有积极性。大家各自为战，缺乏凝聚力，企业也很难出成果。

据我观察，很多日本企业的经营者就缺乏愿景，因而难以发挥领导力。他们绝对不是能力不足，也并不缺乏热情。相反，很多人还被视为精英。在这儿，问题不在于他们是否优秀，而在于他们是否拥有明确的、值得为之献身的愿景。

## 科特的战略性愿景

愿景对领导力的发挥至关重要，这是众多学者的共识。领导力研究的权威约翰·科特（John P. Kotter）先生在著作《领导力论》（*What Leaders Really Do*）中，论述了领导力和管理力在企业运营中的不同作用，指出领导力是“促进变革的能力”，管理力是“应对复杂状况的能力”。

科特先生认为，领导力和管理力有三项共通的任务，但是具体要求却有所不同。

（1）设定课题

（2）构筑人才网络

（3）完成课题

在领导力上，以上三项任务表现为：①设定方针，②整合员工，③激励员工。而管理力则表现为：①拟定计划和编制预算，②建立组织和配置人才，③控制管理和解决问题。

领导力和管理力两相对照，可以发现：领导力中的“设定方针”，并不是制定数值上的目标，而是勾勒出未来前进的方向，并以愿景的形式表现出来；“整合员工”也不是安排合适的人选负责某项工作，而是促使员工认同愿景，形成凝聚力；“激励员工”也不是管理和控制员工，而是诉诸每个人潜在的、根本性的价值观和追求，使之朝正确的方向共同前进。

科特先生把愿景看作“事业的方向性”，认为“提出愿景的人不是魔术师，而是勇于承担风险，深孚众望的企业战略的制定者”。“愿景能否实现的关键并不在于独创性，而在于如何满足顾客、股东和员工等企业重要关系者的利益，并制定出切实可行的竞争策略”。他所谓的愿景，包含了“如何在竞争中取胜”和“应该做什么”两层意思。

科特先生列举了一个典型案例，那就是北欧航空（简称SAS）当时的CEO扬·卡尔森（Jan Carlzon）提出的“以频繁利用飞机旅行的商务旅客为目标客户，创建世界顶级航空公司”。可以说，这是北欧航空为了实现业界第一而制定的具有强烈战略色彩的愿景蓝图。

我对愿景的理解同科特先生有所不同。我认为愿景是决定一个人“应该做什么”的远大图景。领导力是由“无论如何都要完成×××”的坚定信念（设定目标），和为了实现目标，思考“如何调动员工”，并付诸实践的行动（对组织施加影响）两个层面构成。“设定目标”也可以进一步细分为“愿景”和“（在愿景指引下）应该做什么”两个步骤（如图2所示）。

松下幸之助先生在“根绝世间贫困（=愿景）”的理想下，引出“向顾客提供更价廉的商品（=应该做什么）”。并深大以“自由、开拓、愉快地利用技术为社会作贡献（=愿景）”为理想，引出“以全新的产品席卷世界市场（=应该做什么）”。金牧师以“实现真正平等、和平的世界（=愿景）”为理想，引出“彻底的非暴力的、经济的抵抗运动（=应该做什么）”。

【图2】设定目标的两个步骤

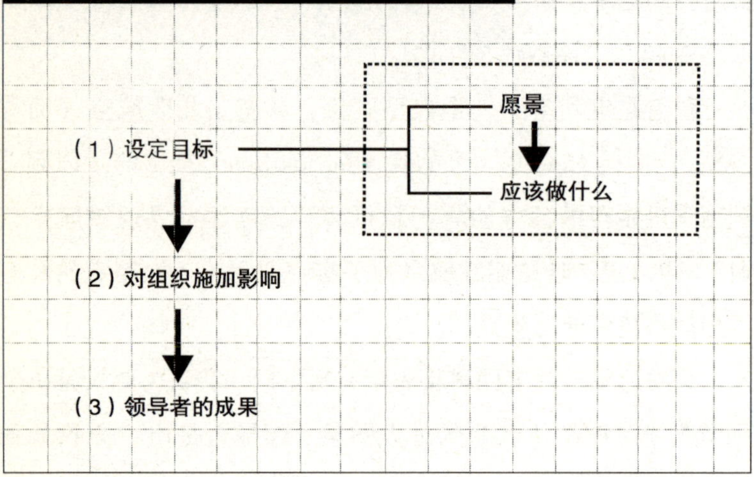


在此，本书将愿景定义为“融入领导者长处和社会要求，且为领导者热切追求的理想图景”。愿景并不是从组织所处环境推导出的“追求第一”的战略目标，它融入了领导者自己的梦想和价值观，具有领导者的个人色彩。持之以恒地追求愿景的结果有可能成为第一，不过毕竟只是结果而已，绝对不是终点。

扬·卡尔森先生制定了“以频繁利用飞机旅行的商务旅客为目标客户，创建世界顶级航空公司”的战略（姑且称作战略），为此他要求员工“重视真实的瞬间”，要尽力做到最好。调查显示，顾客同SAS员工一次接触的时间平均是15秒，正是这15秒决定了SAS在顾客脑海中的印象，成为“真实的瞬间”。

在转瞬即逝的15秒内，现场的员工是不可能有时间向上司或总公司请示的，这就要求给予员工足够的决定权限。为此需要对员工进行相应的培训，公司建立配套体制，上司要全力支持。自然，这种以现场为主体的组织，与传统的“金字塔”型管理模式大相径庭。获得更大权限的现场员工充分发挥自己的自主权，营造众多高质量的“真实的瞬间”，为公司赢得了更多的商务旅客。

这确实是一个优秀的成功案例。卡尔森先生上任以后，曾经赤字的SAS一跃成为业界盈利最高的航空公司。他倡导的“真实的瞬间”，成为以追求客户满意为宗旨的企业的样本。但是，令人遗憾的是，那样的辉煌已经成为过去，现在的SAS虽然仍是业界翘楚，但已经有很多实力旗鼓相当的竞争者了。

假设卡尔森先生提出的愿景是“带给更多旅客真实的瞬间”，从此引出“以频繁利用飞机旅行的商务旅客为目标客户，创建世界顶级航空公司”的战略，SAS的今天又会如何呢？事实上，SAS在实现战略目标后，公司内就开始出现骄傲的情绪，员工关注的重点也从顾客转到公司内部，过去的官僚作风又死灰复燃。如果“带给更多旅客真实的瞬间”作为最初的愿景，每一位员工也铭记在心，今天的SAS又会是另一番景象吧。

## “希望变成怎样”更重要

“带给更多旅客真实的瞬间”这个目标没有终点。前面讲过的松下先生、井深大先生、金牧师的愿景也同样。这些愿景的共通点是都含有“希望变成怎样”的内容，即融入了领导者自身的强烈愿望，这也是他们基本的人生态度。对于“最初为何要进行这样的事业”的回答，是以愿景的方式明确表现的，因而所有事业的运行也都是以愿景为中心展开的。科特先生认为愿景就是“应该做什么（=do）”，而我认为愿景是“希望变成怎样（=be）”，这就很明了了吧。

卡尔森先生作为愿景提出来的是组织目标，正好相当于“应该做什么（=do）”。组织目标的重要性自不待说。实际上，在应对外界的不断变化上，组织目标具有凝聚人心的作用。而不合适的目标设定，则可能使企业业绩下滑，致使企业出现生存危机。因此，经营者能否设定切实可行的目标，是关系到组织存续的重要因素。

但是，如果只是提出“应该做什么（=do）”，那么组织就会变成实现目标的工具。受缚于目标的组织，只能与理想的愿景渐行渐远。只有do要素的目标，是随着时代而变化的。卡尔森先生以商务旅客为目标客户展开攻势，正是根据当时的环境而做出的合适判断。要是状况发生变化，也可能以其他顾客层为目标客户。也就是，“应该做什么（=do）”要随时适应环境的变化，因而对组织来说，并不是恒定不变的。

“希望变成怎样（=be）”，却是不随时间而变的基本原则。当这种原则以自己的语言表现出来并被深刻地认知以后，就成为行动的指南。另一方面，“应该做什么（=do）”却是在愿景的指导下，为应对环境变化而做出的决策。因此，企业决策层要制定战略目标，部门经理要制定部门目标，而且，两者都需与当前的愿景相符。

一旦“希望变成怎样”，即愿景明确以后，激励员工就比较容易了。领导者展示自己的愿景，赢得员工的认同以后，其他激励机制也能更有效地发挥作用。

松下先生倡导的“水道哲学”感动了广大员工，使之成为每个员工的梦想；索尼的员工也深受“索尼精神”的鼓舞，总是干劲十足；金牧师明确提出愿景的演讲，成为促进民权运动的原动力。还有比愿景更有效的激励手段吗？

科特先生指出领导力的三项任务中，“设定方针”指设定愿景；“整合员工”指通过与员工的交流和沟通，提高凝聚力；“激励员工”指通过诉诸员工的成就感、自尊心，满足员工的基本人性需求来提高工作积极性。从动机理论来看，内在动机的作用更持久，效果更好。内在动机也就是旨在满足纯粹的兴趣和好奇心等行为；外在动机则是通过赏罚等外部力量进行激励的行为。

内在动机和外在动机也可以用“自律的”和“他律的”来定义。外在动机是他律的，相当于科特先生所说的控制，但缺乏持续的激励效果。内在动机是自律的，比外在动机更重要，在提高个人工作效率上效果更好。但是，“在实现愿景上，如何才能有效地激励每个人呢?”对愿景的认同感就是最有效的动机，尤其在整合员工上，其效果远非一般的激励措施可比。

科特先生认为，今后，在适应不断变化的环境上，领导力比管理力更重要。时至今日，这种观点对组织运营仍是很好的指导。作为实践方法，他提出“设定方针”、“整合员工”和“激励员工”这三项任务。在前面讲过的三位伟大领导者，正是通过完成这三项任务发挥领导力的。

但是，他们“为什么要进行这样的活动?”这就是愿景。有了愿景，前进的方向自然明了，对愿景的认同凝聚了人心，对愿景的执著追求成为人们持续行动的动力。而促使这一过程发生的正是有远见的领导者。

# 领导者的四种素质

野田智义先生和今井寿宏先生合著的《领导力之旅》（光文社，日本），分别从实践者和理论者的角度对领导力进行了探讨，是一本非常有意义的书。在书中，愿景的重要性也被屡次提及。关于领导力的本质，野田先生表述为“见人之所未见”，今井先生表述为“描绘远大蓝图”。他们对愿景的理解与我颇为接近。

野田先生“见人之所未见”的说法，我深有同感。他将领导力比作旅行。看不见的东西在现实中并不存在，为了找到它因而开始旅行。然后，为了实现它而行动，接着出现追随者，共同旅行。在此，领导者和追随者之间出现共振，领导者发现的“人所未见”，追随者也看见了。在这种关系的基础上，再通过领导者发出的“信息素”（这样的表现意味深长）和追随者感受到的赞赏，领导力的发挥就实现了。

今井先生表述的“描绘远大蓝图”，非常有助于将愿景具象化。当领导者胸怀炽热的愿景时，眼前一定会浮现具体的图景吧。这种图景越具有现实性，人们的行动、表情就会越发具有活力。（但是，这幅图景是否宏大并不重要，愿景的关键在于是否有深度。）

关于愿景，我与上述两位先生的观点基本相同，但在他们阐述的领导力的四种基本素质中，我对毅力的理解稍有不同。他们认为，领导力包括想象力、执行力、意志力和毅力。其中，意志力也可以包含在毅力里面，而毅力正是领导力的核心。毅力就是坚持不懈，不动摇，不逃避，直至成功的品质。他们认为日本人相对欠缺这种品质，我也有同感。但对他们举出的理由，我却不敢苟同。他们认为日本人权衡利弊，做出决策的经验较少，所以难以培养毅力。

确实，不断做出决策，有利于培养毅力，但毅力的真正来源是什么？我认为是愿景。“为什么要进行这样的事业？”其答案就是愿景。一个人的愿景是不会轻易改变的。当愿景转化为行动时，一个人的言辞和行动就会更为坚定，就会有一定要实现、坚持到底的决心和热情。

在权衡利弊、做出决策时，一个人的价值观会受到考验。但是，毅力因愿景而生，是果，而不是从决策中来。所以，要想培养领导力，培养毅力，还是从确立愿景开始吧。

# 第二章

# 利用“社会资源”的领导力

## 企业管理模式的缺陷

建立在愿景基础上的领导力，富于活力，能对组织产生良好的影响，催生新的价值。拥有愿景的领导者，在当今时代，越发不可或缺。但在长期的企业管理模式下，领导力的日趋萎缩也是不争的事实。

20 世纪被称为管理的时代，这是由 19 世纪的产业革命带来的。技术革新使大规模生产成为可能，生产组织也逐渐由家庭作坊转变为企业。后来，随着企业规模不断扩大，员工急剧增多，组织管理更是势在必行。

支撑企业高速发展的是全世界人口的增长，和由此导致的市场需求的扩大。回顾人类的历史，物质方面的生产从没有经历过像 20 世纪这样急剧发展的时代。对比 20 世纪初期的街景照片和今天的街头景象，一切就一目了然了。

技术的巨大进步促进了市场的发展。产业革命后的机械化使企业的生产能力大幅度提高，同时大规模生产又降低了成本，使得商品和服务能够以低价格进入市场，进一步刺激了消费者的购买欲望。

技术的进步不只停留在制造业。人们今天的生活，在100年前的人们看来，应该是叹为观止吧。这也是商品研究、开发的结果。人们将创意转化为产品，甚至创造新的需求。家电、汽车、速食食品和手机等，不胜枚举。

还有，其他技术的发展也同样功不可没。计算机技术对办公环境的重要性自不待言：堪称企业命脉的服务器、组织成员使用的个人电脑，还有支撑整个企业运营的各种商务软件，莫不如此。如今，便利店无所不在，其POS系统的重要性更是不言而喻。

像这样，技术的进步催生了各种各样的商业模式，并继而形成巨大的产业。这就是在“增长”的名义下，整个社会转变为大量消费的社会，而其后果也日益严峻：资源枯竭、环境恶化、过度的个人主义导致的传统社区的崩溃等。但从企业内部的领导力来说，这种变化产生的最重要的负面影响是“对管理的过度适应和依赖”。

当然，很多创新与领导力是相关的，正如松下先生和井深大先生领导的企业。但是考察他们缔造的巨大企业组织时，就可发现因管理而生的弊端。在创业者愿景的指导下，他们开拓事业，生产产品，投入市场。在此过程中，投入大量的人力，业务越来越细分，分配到各个职能部门，再由各部门经理负责督促完成本部门的任务。这就是科特先生所说的企业管理。在这种状况下，擅长管理的人才被推崇，得到提拔。

管理的基本方法就是通过指示和命令进行管理和控制。在以管理为主的组织中，人们基本上就是在指示和命令下工作的。在组织拥有长期、明确的目标时，管理堪称有效的企业运营模式。

在强有力的管理体制下，即使人们提出意见和建议，但也难以形成“希望变成这样”的愿景。因为个人的独立思考可能损害管理效率，不利于企业实现长期目标。在市场成长稳定、企业业绩良好时，个人拥有愿景并不受欢迎。

在这样的组织中，除极少数的决策者以外，大多数人要么从事管理，要么在管理下工作。结果，很多人不再主动追求、思考，只以组织下达的目标为己任，集中关注如何完成自己的分内工作。这就是领导力欠缺的原因。

## 自律式生活方式的到来

当然，不能完全否定管理制度。事实上，20 世纪可以被称为管理与企业高度契合的时代。其背景是“经济增长”。日本从战后的高速增长期开始，到 2008 年金融危机的到来为止，中间虽然出现过泡沫经济破灭等短期的低迷，但仍然取得了令人难以置信的成就。在经济增长时期，按部就班地把事情做好可能会取得成功。说得极端一点儿，就是不用大脑思考，只要做好分内的事，无论企业还是个人都能分享到增长的成果。

但是，至少对于日本来说，这样的时代已经一去不复返了。在国内市场日趋饱和、低出生率以及人口老龄化的模式下，不可能再有20世纪那样普遍的高速增长。由金融危机引发的景气低迷，并不仅限于金融泡沫破灭那么简单。

对于今天高速增长模式日益势微的情形，我并不感到遗憾。相反，我认为，人们正好可以从管理模式下挣脱出来，重新审视并纠正自我，进而发挥领导力，开创一个新的时代。重新描绘自己的未来，满怀热情地为之奋斗不止，不正是一种自律式的生活方式吗？

换言之，在普遍增长不再的时代，再固守以前的管理模式，企业是难以存续下去的。企业只有创新，创造出新的价值。因此，企业需求的人才也会发生改变，不再只是需要按既定方针办事的部门经理和完全服从的员工，还需要能描绘未来、确定前进方向的员工。

当然，描绘未来，并不是为了取得相对的竞争优势。以战胜假想敌为目标的竞争战略，仍然属于管理的范畴，不能称作愿景。

这并不是全盘否定竞争战略。我认为更重要的是需要赋予竞争战略以正当性的愿景。展望胜利之后的前景比决定胜负更重要。有了愿景，才能全力以赴，经受住困难的考验。在管理弊端不断突显的今天，只有胸怀愿景的领导者，才能给企业带来活力，领导企业奋力前行。下面从几个方面讲述有远见的领导者的必要性。

## “社会资源”观点的兴起

应该听说过“Social Capital”这个词吧？就是“社会资源”的意思，现在已被广泛地使用。

社会资源的说法由来已久，但在学术领域是20世纪后半期才受到重视，成为一个比较新的研究领域。现在随着因特网以及电子邮件等信息交流平台的普及，其重要性更加明显。社会资源的观点也为领导力的重新定位提供了想法。

社会资源是指通过人与人（包括组织与组织）之间的联系，即社会网络而产生的价值，比如资讯、创意、机会、影响力、合作、心理支持等。对此，也许有人会觉得与人脉相似。这样的想法也不算错，但人脉总给人以“暗箱操作”，以非正规手段攫取利益的感觉。在这里需要强调的是，社会资源绝对没有这样的负面色彩。

一个人肯定会同其他人发生关联，不论其性质如何。每个人都作为一个结点，生活在社会人际网络中。社会资源的观点正是从这种想法出发，寻求如何充分利用这种网络，最大限度地增进人们的福利。

同社会资源相对的是人力资源。人力资源是指“个人拥有的价值”，比如个人的能力、技能和知识水平等。人力资源是属于个人内部的东西，而社会资源则存在于人际关系之中，是一种无形的价值。也可以说是个体的人力资源之间相互作用而产生的具有创造性的附加价值。丰富的人力资源可以为组织创造巨大价值，但个体的人力资源的相互作用，即社会资源，却可将组织的价值实现最大化。

这是一种新的思维方式，其运用成果也显而易见。观察在商界取得成功的个人或组织就可发现，他们无一例外都拥有非常丰富的社会网络。有一种新兴的职业，自由职业者，他们以个人为单位承接、完成业务，他们的社会网络无疑是丰富的。其实，企业内部也有不少人，同其他部门保持非正式的合作关系，充分利用社会网络，为企业做出更大贡献。从社会资源的视点来看，这是很容易理解的。除了在商界，就是一个人的人生，如果充分利用社会网络，也一定会变得更加充实，丰富多彩，这是毫无疑问的。

不仅是个人之间，就是组织之间的联系，如战略联盟，同样会创造更大的价值。以前日本有财阀，其运营机制是否也是充分利用了组织网络之间的社会资源呢？

产生社会资源的网络大致可以分为两种类型，各有各的特性。一种是由比较紧密的人际关系构成的封闭型网络，另一种是由比较松散的人际关系构成的开放型网络。典型的封闭型网络就是企业内以部门为单位形成的网络，部门内员工之间相互联系紧密。开放型网络中个人的所属组织和兴趣爱好可能都不尽相同，但一定与网络中心人物有某种共同点。

评价哪种网络更有价值，应根据状况具体分析，不能一概而论。20世纪，封闭型网络势头强劲，在商界取得巨大成功。众多大企业的繁荣就是证明。进入21世纪，拥有这种网络的组织仍然不乏竞争力。不过，值得注意的是，封闭型网络因为内部联系紧密，抱成一团，因而也容易阻碍外部信息的进入，结果对外界变化不敏感，难以适应外界变化，最终走向衰退。“官僚体制的弊端”也可以说是封闭型网络的副产物。

当今时代，人们可以轻而易举获得更多资讯，积聚拥有各种能力的人才，从而充分利用开放型网络创造更多的价值。创新也不能沿用过去的老办法，而应充分利用现在的开放型网络获取信息，网罗人才。实际上，同大企业相比，风险投资企业在资本和人才方面处于不利地位，但它们却像雨后春笋一样不断出现，而且能够同传统的大企业正面竞争。毫无疑问，它们的武器就是开放型网络，以及由此而生的社会资源。

# 开放型网络的领导力形式

怎样有效利用这两种类型的网络呢？首先有必要了解其差异。

毋庸置疑，封闭型网络中的成员更容易领导和使用。因为网络内部有统一的规范和紧密的人际联系，所以人们容易共同行动，且互相监督。也就是出现“不得不做”的氛围，不遵从的成员除了会受到组织的正式制裁外，还可能遭到其他成员的谴责、歧视等非正式制裁。管理正是以授予网络内各层级相应的权限和权力而展开的，因而比较有效。这就是20世纪经济普遍增长下的管理模式。

另一方面，开放型网络并没有强有力的管理机制。虽然网络的中心人物可能拥有资讯等众多资源，但却难以靠指示或命令调动其成员。在超越了组织框架的开放性环境中，管理基本上难以发挥作用。因此，要卓有成效地利用这样一个松散的网络，就必须发挥超强的领导力。

人与人之间单是具有某种联系，并不能创造价值。同样，社会资源也不能简单地从社会网络中产生。当然，社会网络也许存在某种潜在的价值。如何实现这种价值，就需要网络成员认识到这种联系，并努力开发利用。也就是说，社会资源产生于网络成员对网络本身的认识和积极利用。而愿景正是凝聚网络成员，实现网络价值的最强有力的武器。同样，提出愿景、率先垂范、推动实现愿景的人物也必不可少，这就是有远见的领导者。

要充分发挥网络成员的潜力，就必须有一个共同的目标，这就是愿景。每个成员的能力越高，成员之间的差异性就会越大，就越需要有强大号召力的愿景。同企业组织相比，志愿者组织和非营利组织就更具有开放型网络的特点，因而也更需要能激发人们热情的愿景。

以 Linux 操作系统为代表的参与型软件开发模式，堪称开放型网络产生的一个创新成果。虽然没有明确的领导者，但在开发 Linux 操作系统的平台上，每个人都拥有“开发更好的操作系统”这样质朴而强烈的愿景。从这个意义上来说，每个参加者都堪称胸怀愿景的领导者。

同微软的开发模式不同，Linux 不是正式的软件开发集团，参加者没有报酬可以领取，没有外在动机的刺激。唯一的动机就是“开发出更好的操作系统”的愿景，也就是不断升级的 Linux 操作系统。参加者在上一个版本的基础上，从自己的视点出发，不断赋予它新的附加价值。

此外，在谈到利用社会资源的时候，不可避免地要谈到如何利用网络成员的能力的话题。在开放型网络中，有可能是对社会有益的善意利用，也可能是出于私利的恶意利用，即有利用人脉的意味了。

对网络的善意利用，尤其是与商业利益相关时，更需要提出明确的愿景，才能充分发挥领导力的作用。对那些自主性强的高级人才，更不能凭嗓门大，或权力去吸引他们，而是需要激发他们的参与意愿。

这就是愿景的力量。

## 赋予复杂组织以方向性

在组织管理的领域，人们越来越将组织视作一个复杂的“有机体”。由人组成的组织，不是单个人的点的集合，而似生物体那样是一个有机的整体。如果使用前面的概念，就是“以个人为基础的人力资源，通过相互作用，创造出的价值超过单个人的总和”。随着组织规模的扩大，组织成员增多，组织更容易出现混乱无序的局面。但是，如果组织成员都朝着共同的方向努力，就可能产生巨大的创新力量。而赋予组织方向性的，正是有远见的领导者所展示的愿景。

组织如何像一个有机体发挥作用呢？也许可以以人体为例进行讲解。人体是由各种器官、血液循环系统和神经系统等构成的生物体。正是各部分充分发挥机能，生命才得以维持；如果哪部分出现故障，生命就可能遭遇危机。人体并不是各部分没有毛病，就能保证健康的。正是各部分在大系统中共同作用，各自发挥机能，防御病毒等外敌的入侵，排斥溃疡等内部产生的异物，生命才得以维持、延续。像这样各部分既独立又相互作用，不时除旧换新，以保持生命始终处于最佳状态的机能，即人们常说的有机性。

同人体一样，组织也可以被看作是由各种成员构成的有机体，因而能保持最佳的内部机制。面对外部环境的变化，组织也不断调整自身进行适应。说到组织，人们一般想到的是组织结构图，就像人体解剖图一样，难以想象它是如何运行的。

因此，有些研究者注意到组织的有机性，在制作组织模型时，强调要始终保持最优化的内部结构，以适应外部环境的变化，即提出所谓的状况合理理论。在此，他们提出，要实现“最小有效多样性”，即随着外部环境的复杂化，组织内部也要相应地变得复杂。

也许大家对“最小有效多样性”这样的术语还比较陌生，不妨看看下面的例子。

在市场需求多样化的今天，仅设销售部门已难以应对，于是：

（1）设立专业部门，如营销部，收集需求信息。

（2）将组织内部的部门数量控制在最小限度内，以避免管理难度过度增大。

在此，（1）为有效多样性部分，（2）为最小限度部分。对组织来说，并不是设立新部门就能有效应对外部环境变化的。如果只是增加部门，还可能造成部门间的对立，使组织陷入混乱无序的局面。在此，愿景的作用是不容忽视的。“公司为什么要进行这样的调整？”以愿景为指导，人们就可能适应组织的多样性，向着共同的目标前进。

现在，随着环境的进一步变化，简单地以部门为单位进行应对也可能收效甚微。一些组织开始采用全面授权模式，即将决策权交与现场的每一个员工，让他们自行决定采取行动。其目的是充分发挥每个员工的多样性，以应对环境的变化。

当然，这也可以说是采用了“最大有效多样性”的方法，同样有使组织陷入无序的危险。组织的多样性已超越部门而影响到现场的每个员工。这时，作为组织，又该如何进行统率呢？

这样的组织同样需要愿景为其赋予坚定不移的方向。拥有了共同的愿景，被授权的成员才能够自主地做出决定，才不会迷失方向。组织的授权指南里可能有各种各样的指示，但最重要的却是按愿景指示的方向决定、行动。

仅列举具体的行动目标，并不能发挥组织成员的自主性。只有组织成员拥有自主思考的空间，组织才可能取得更大的成果。这正是以愿景为基础的全面授权模式的魅力所在。

## 透视索尼的领导力

索尼公司不仅新产品开发引人注目，而且在人力资源管理方面也有许多独到之处，比如公司职位的内部公开招聘制、积极聘用跳槽人员、重视员工的现场培训制度、不问学历的毕业生招聘制度、打出招聘“出头椽子”的广告等，无不体现了索尼精神。今天，日本企业普遍采用的人事政策和措施之中，有许多都是索尼的首创。

索尼的人力部门，根据井深大先生亲自撰写的“成立宗旨书”中所描绘的愿景，提出“打造员工在工作中感到愉悦，充满无限欢乐的活力职场”的口号。一直以来，其人力政策的目标不是为了管理员工，而是为了创造透明、开放、愉悦的企业文化。

设立人力资源开发室的时候，井深大先生赋予了该部门以下职责：

“员工个人应该自己激励自己，自主前进，而不是由管理层的部长、科长或人力资源开发室来生拉硬拽。员工个人应该寻找自己在公司的位置，努力实现自我成长。公司管理层或人力资源开发室的任务是为他们指明前进方向，清除障碍，为他们安排与其能力和个性相符的工作。人事开发室的职能只相当于催化剂。”

井深大先生所说的前进方向就是愿景。没有愿景而放任员工自行其是，是决策层的玩忽职守。当然，提出愿景也并不意味着万事大吉。愿景太具体则可能成为束缚，有损员工的自主性。还有，愿景需努力去实现。员工可能自己努力或全力支持上司去实现愿景。

有愿景，组织就可能全面授权，从而发挥多样性，取得竞争优势。相反，组织如果没有共同愿景就全面授权，则可能在多样性下变成一团散沙。当然，过于严格的管理，则可能妨碍员工的自主行动，企业同样不会取得成果。

因此，有大多数员工共同认同的愿景，不仅可以指引前进的方向，而且能提高员工的自觉性、自主性。组织员工的个性、才能越多样化，员工之间的相互作用效果就越明显，创新的力量就越强。

索尼在全世界售出 1.5 亿台的随身听（Walkman），就是在井深大先生和盛田先生提出的愿景指导下开发出来的。

“Walkman”的原型制作于 1978 年。当时井深大先生是名誉会长，他让部下在已有的单声道小型磁带收录机“Plays Man”上装上立体声系统。井深大先生对样机非常满意，就拿去给会长盛田先生看，后者决定投入生产。

但是盛田先生难以接受作为附件的耳机比收录机本身还大的事实。井深大先生想起研究所有一个专门开发微型耳机的部门，于是利用了后者的技术。

当时，索尼已经成长为世界性大企业，公司内部设有多种业务部门，各自取得骄人的业绩。研究领域也相当广泛，研发据点众多。“Walkman”正是井深大先生利用已有的产品群，促进不同部门的技术融合，从而生产出的新产品。

从井深大先生执笔的“成立宗旨书”就可发现，取得以上的成果，是再自然不过的事情了。

“如果大家能在人格上互相欣赏，团结一心，共同合作，充分发挥自身的技术能力，那么公司即便人手不足，设备缺乏，其运营也会变得令人愉快，成果也必将是巨大的。”

庞大的组织要有序地运营下去，各部门必须有共同的前进方向。“Walkman”的开发就是在“成立宗旨书”所述的愿景指导下进行的。一般的大企业，不同部门拥有的技术资源是很难融合利用的。但是在索尼，正是创业者提出的愿景，使人们跨越了部门之间的壁垒，取得了丰硕的成果。

组织，不是无机要素的结合，而应如有机体般地发挥作用，才可能促进创新，创造价值，获得旺盛的生命力。这也是愿景的作用所在。

# 打造个人创造价值的环境

前面考察了因人与人、组织与组织之间的联系而生成的社会资源的情形。实际上，这些网络和组织都有一个共通点，那就是强调行动主体的自律性。无论是社会资源还是有机体似的组织，都认识到价值的创造已开始由组织转向个人。本来，组织通过行业分工具有效率性、专业性和规模优势，但其管理模式却有着容易产生抹杀人的个性的弊端，因而难以适应变得愈加多样化、复杂化的现代社会。

现在，很多组织都要求员工能自主行动，创造价值。领导力的真谛也就是为员工创造价值提供强有力的支持，这就是领导者描绘出的愿景。愿景激发员工自主地创造价值，并为实现愿景而奋斗。

为什么要求员工具有自主性呢？20 世纪，企业的经营环境非常稳定，那是今天无法比拟的。虽然当时也存在激烈的市场竞争和变化，可现在更是一个“不确定的时代”、“剧变的时代”、“复杂的时代”。国际竞争和技术革新已经极大程度地改变了产业的样貌。IT 技术的进步使资讯更普及，信息成本也大幅降低，同时宽松的国家政策也使行业之间的界限变得模糊。现在行业这个词本身似乎也变得没有任何意义。这种环境的变化对企业经营的影响是巨大的。游戏规则从根本上被颠覆了，改良过去的方法既不可能，更难以应对新的变化。

服务价值的上升也是造成经营环境不确定性增加的原因之一。传统意义上，制造业和服务业是从人工上来区分的。制造业中，营销、流通、工程技术、设计、维修、会计等企业重要的业务，如果委托给相关专业公司进行，则多被算作服务成本。事实上，对于大多数制造企业来说，不管这些服务业务是由公司内部承担还是外包，都占据了很大一部分制造成本。

从供给来看，制造业和服务业的区别也变得模糊起来。传统意义上，服务和生产有着本质的区别，前者不能保存，因此必须在消费现场直接提供。现在，这种界限已被打破。服务也可以在远离消费地的场所集中生产了，服务的存储成为可能。也就是说，服务本身开始具有工业制品同样的特性。另一方面，传统的“制造”是生产有形的产品，但对于今天的顾客来说，产品的价值更多是由无形的特性决定，如产品的品牌，购买以后的配送、维修，性能稳定性等，而在这之前，这些是被视为服务的。

需求方和供给方都希望提高商品的服务价值。受过高等教育的消费者更追求商品的服务价值。随着新技术和信息技术的进步，生产者能够以合理的价格向更多的顾客提供商品，同时，也乐于提供更多的服务以提高企业的核心竞争力。

“绿色消费主义”也是重视服务价值的体现。消费者希望购买的产品有利于环境保护，生产者也乐于提供这样的服务。人们购买巴塔哥尼亚（Patagonia）、欧舒丹（L´Occitane）这样的品牌商品，会认为自己正在参与这些品牌倡导的环境保护活动。像美国施乐公司（Xerox）这样的办公设备制造商，还提供复印废弃物的处理服务，以及废旧机器的回收和再利用服务。

现在，机器设备领域也开始注重提高产品的服务价值。制造商并不只是销售机器设备本身，还销售信息系统、软件包、性能保障、操作和技术支持等各项服务。制造商与其说是在销售产品，还不如说是在销售生产工艺和解决方案。

这样，在制造业方面的竞争就取决于如何将无形的服务融合到有形的产品中，而信息技术起着决定性的作用。受此影响，传统的“高科技”产业和“低科技”产业的差距正在急剧缩小，消失。信息和知识的有效利用是产业成功的关键，而信息和知识则由个人掌握。这就需要组织从个人视角出发进行企业经营。

信息和知识越具有多样性，就越可能产生更多的附加价值。因此单一的管理模式必然会有损竞争优势，应该给个人更多的权限和决策权。这就是全面授权模式，也是对领导力的新要求。当今，全面授权模式引人注目的原因也在于此。

# 被授权者也需要愿景

创造价值的主体向个人转移，这样全面授权的重要性就愈加明显。但全面授权并不意味着就会出成果，它还需授权者和被授权者都拥有明确的愿景。

为什么被授权者也需要明确的愿景呢？想来大家都会有这样的体会，当自己被授权全面负责某项工作时，积极性会大为提高。这一方面意味着得到授权者的信赖，另一方面也意味着有了更大的决定权。这也是全面授权模式的优越性所在。

尽管如此，要具体推进工作也并不容易，还需要经受诸多磨炼。其挑战大致可分为外部环境和自身问题两类。

外部环境问题，是指在展开工作的过程中，可能遭遇无法预期的事情，或与周围人协调的问题。当工作难以顺利进行时，当初的热情会慢慢下降。但是，如果这时有优秀的上司，及时提出建议、鼓励，就可能克服面对的困难，走出困境。当然，自身的信念和意志越坚定，就越有向前的力量。

自身问题，就是指自身的信念和意志的坚定程度。与外部环境不同，这更难控制。刚被授权时热情高涨，对新工作充满期待，因而干劲十足。可是课题难度越大，遭遇的困难就会越多，展望的成果就越难以出现。尤其是展开新业务的时候，既有的经验不管用，一切需要重新开始，需要更大的努力。这时，就可能问自己，“为什么要做这项工作呢”、“为什么派自己来做呢”、“自己是不是不适合这项工作”，从而出现消极的情绪。很多组织都存在这种现象。尤其是对熟悉、严重依赖既有工作模式的人，更容易陷入这种状况。

但是，还有一种人，无论遭遇怎样的困难，都勇敢地面对，并取得成果。这究竟是为什么呢？

我在企业咨询中发现，取得成果的人有一个共通之处，那就是在某一个时点，被授权的工作一定会转化为自己真心想干的工作。如果是自己策划、积极争取的工作，那从最初开始就是“被授权的工作=真心想干的工作”。有些工作可能一开始不明白，但可能有一天，自己会意识到那正是自己真心想干的。不管怎样，当“被授权的工作=真心想干的工作”时，一个人就会涌起巨大的力量，勇往直前，推进工作前行。

反之，如果“被授权的工作=不得不做的工作”，工作与自己之间的距离就会越来越大，并最终体现在工作成果的差距上。当一个人将工作视为他人的事情时，一旦遇到什么困难，就会失去前进的动力。客户的压力、行业的低迷等，困难无处不在。要战胜这些困难，“被授权的工作=真心想干的工作”的转化必不可少。

# 人人都需要愿景

如前所述，当今时代，将需要更多有远见的领导者。至少，那些需要独立思考、自主行动的人，应该拥有愿景，并为之奋斗。只有这样，才能取得事业的成功。

在创新决定竞争优势的今天，企业的管理也开始由层级控制型转向面向基层的全面授权型。

在全面授权模式下，授权者要明确提出愿景，并提供全面的支持和实施相应的人才培养计划。被授权者也应理解愿景，并将其转化为自己的愿景。在当今时代，仅凭少数几个决策者已不再可能运营整个组织。要充分利用社会资源和庞大组织的有机体系，就必须发挥每个员工的积极性、主动性，要求每个员工都具有领导力。

从个人层面来说，这也同样适用。以前，将分配的工作完成好，就是人才。现在，这仍然很重要，但这种人才的价值却在下降。只是完成上司交待的工作，追随上司，并不能在职业生涯中获得成功。只有在组织前进的方向上，找到自己的位置，为自己创造出工作的人，才是当今社会强烈需求的人才。因此，每一个人都应拥有愿景，把自己打造成有远见的领导者。

# 第三章

# 愿景的三要素

## 三要素圆环图

愿景究竟指什么呢？人们的理解可能还是因人而异。本章将利用圆环图，辅以具体案例，从另一个角度来考察愿景。

大家知道“Must、Can、Want”圆环图（图3）吧？何时，由谁设计，现在已无从知晓。它经常被用于职业规划领域，想来一定有人看过。

【图3】 三要素圆环图

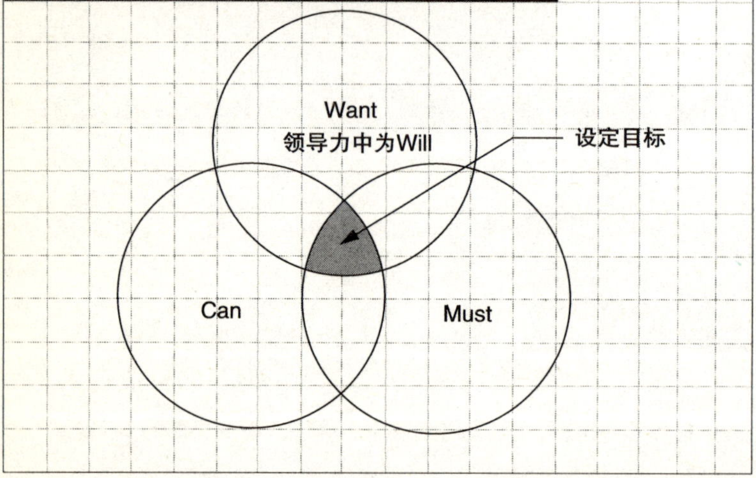

比如沟通与激励株式会社的社长小筱芳央先生，就利用这个圆环图，为个人或学生提供职业规划或求职咨询。他说，“把握自己的Must、Can、Want，找出其交叉的部分，以此为目标展开求职活动”“通过扩大交叉部分，拓展自己的职业生涯”。个人可能因为目的、应用方法不同，结果也有差异，但无疑这种视角是有效的。

这个圆环图同样也可用于领导力领域。“分解成三个要素”→“在交叉部分设定目标”，不仅可以帮助理解领导力的构成要素和功能，还有利于客观地认识自己所处的状况。因此，我在企业管理层研修会上，也用这个圆环图讲解愿景。

第一项的Must表示，领导者在这个职位上所必须承担的，由各种环境因素所决定的责任，也就是岗位职责。比如：营业部长要在维持现有客户的同时，不断开拓新的市场，提高营业业绩；制造部长要进行质量和成本管理，提高顾客的满意度；商品开发部长要在一定时间内推出一定数量的新商品并上市。

第二项的Can指执行力，也就是领导者或者团队的优势。比如视野开阔，及时捕捉市场变化，并在此基础上进行缜密的分析，关键时大胆决断等，都是执行力的表现。

第三项的Want，在领导力上换成Will。Will就是“无论如何都要实现”的理想，比Want表达的意志更加坚定。也包含了“希望变成这样”——一个人不可动摇的价值追求。比如“我希望世界上所有的人都能过上富足的生活。因此，希望以本公司的产品造福世上更多的人。”“我想实现自我。因此，我要穷究这个研究课题，得到令人满意的结果。”这些都是一个人炽热的追求和理想。

Will、Can、Must 三要素交叉的部分就是领导者的愿景。要实现“希望变成这样”的理想（Will），当然需要充分利用自己的优势（Can），完成自己的职责（Must）。“无论如何都要实现”的理想，具体来说就相当于上述三要素的交叉部分。交叉部分的面积越大，愿景就越切实可行。

很多人可能觉得难以根据这个圆环图中“三个要素的交叉部分设定目标”，尤其觉得 Must 和 Will 两不相容。在企业工作的时间越长，可能越会觉得难以将两者统一起来，不少人甚至选择了放弃。可是，只有 Must，能够发挥领导力吗？其实，优秀的愿景是可以兼顾 Must 和 Will 的。对此，后面将以金字塔模型进行深入考察。

## 三要素交叉的重要性

从三要素的视角出发，自然就可明白什么是优秀的愿景。“Must、Can、Will”不能有机统一时，是不可能形成好的愿景的。

只注重 Must，那就不是领导者，而是管理者。决策层提出战略，却并不一定能提高员工的向心力。“不得不做”，最终会让人心生倦怠，中间管理层尤其如此。在“业绩决定一切”的环境下，能持续不断地取得成果吗？领导者只是发出了这样的信息，“公司今年的目标是××。这个目标必须完成，无论如何都要实现！”

只注重 Can 也许会取得一定成果。通过发挥自身优势不仅可实现差异化，而且还可能提高积极性和工作激情。但是，如果没有市场需求，则不可能创造价值。而且，自己擅长的也并不一定就是自己想追求的。

只追求 Will 一定很美好，但却可能无法得到周围人的支持。作为组织的领导者，必须把组织目标（Must）和 Will，以及执行力（Can）融合起来。如果领导者拥有强烈的 Will，则可能取得重大突破。为了实现 Will，他必须磨炼 Can，认真思考 Must。因而以 Will 主导而形成的愿景，更有实现的可能。

愿景含两个要素或一个要素并没有本质的区别。在两个要素组合的愿景（更应算是目标设定）中，更多的是 Must 和 Can 组合的情形。如部门经理说，“公司今年的目标是××，必须实现，无论如何都要实现。发挥我们的优势，就一定能够实现。”同只有 Must 的情况相比，Can 的加入，情形似乎会好一些。很多优秀的领导者都属于这一类。

遗憾的是，只有 Must 和 Can 的愿景，容易失去动力。Must 过于宏大，实现的希望变得渺茫时，就容易气馁，滋生“非自己力所能及”的消极想法。这时，如果还是强调“不得不做，应该可以完成”，则整个组织的战斗力就会被削弱。结果，出现“反正都不可能完成”“自己已经尽力了”等负面情绪。

Must 和 Can 的组合在经济增长期是比较有效的方式。那时，市场环境稳定，在明确的组织目标下，不断磨炼执行力，是很容易取得成功的。现在，在金砖国家（BRICs）中，以 Must 和 Can 的组合正在发挥作用，与昔日的日本相似。

同样，其他两个要素 Must 和 Will，以及 Can 和 Will 的组合，也很难取得成果。比如，当初东京通信工业开发的第 1 号收录机就是 Can 和 Must 组合的典型例子。井深大先生和盛田先生在自己的理想工厂里，凝聚了技术的精华，开发出这种收录机，但正式投入生产后，才发现价格高，体积大，一般家庭难以购买和放置。这就是没能满足市场需求的 Must，结果产品根本销不出去。

以三要素交叉部分描绘愿景，也许理解了，但知易行难，具体又该如何构筑呢？

## 愿景的“金字塔模型”

对愿景来说，在三要素构成的圆环图中，无疑交叉部分最好。以 Must、Can 和 Will 组合的愿景，可以有以下两种类型。

(1) 类型一

“本公司今年的目标是××。这是必须完成的，无论如何都要完成。我们共同努力，发挥我们的优势，相信一定能够完成。我将同大家一道，向着这个目标奋进。也许前面的道路艰苦而漫长，但我们一定能团结一致，拿出我们百倍的勇气和力量，去完成它！”

(2) 类型二

“我希望我们产品的推广和普及，会使这个世界变得更美好一点儿。如果有更多的人使用我们的产品，我相信他们的生活一定会变得更加舒适和惬意。我们的产品凝聚了我们公司开发人员的智慧，和生产团队的心血。这是性能卓越、与顾客需求相符的产品。我们是专业的销售团队，如果每一个人都竭诚向顾客介绍我们的产品，相信一定能赢得他们的理解和支持。作为领导者，我也将全力支持你们。实现××目标绝非易事，但我相信，只要我们努力开拓市场，艰苦奋斗，就一定能完成目标。让我们以改造世界的热情去奋斗吧！”

类型一先列举了 Must 和 Can，然后是发言者的 Will。有领导者的意志，是应该能够鼓舞大家士气的。

但是，与类型二相比，会得出怎样的结论呢？它们的差异在哪里，对听者又会产生怎样不同的影响？实际上，这两段内容分别是两位营业经理的发言。下面进一步分析一下。

上面两种类型都包含了 Must、Can 和 Will 的三要素。但是，类型一是“Must→Can→Will”的顺序，而类型二是“Will→Can→Must”的顺序。这也体现了两位营业经理对使命感的不同认识。两者最大的区别在于：类型一只停留在鼓励大家完成目标，而类型二却讲出了发言者心中的愿景。完成目标可以成为愿望，但却无法成为愿景。

由此可见，三种要素交叉并不一定能产生优秀的愿景。优秀的愿景首先是由 Will 引导，其次是执行力 Can 和环境的要求 Must，由此而形成三要素的交叉。

前面讲到的松下先生、井深大先生和金牧师的愿景也是同样。他们的愿景，无一例外都是建立在 Will 基础之上。只有这样的愿景，才能形成强大的领导力，如图 4 的“愿景的金字塔模型”所示。

【图4】愿景的金字塔模型

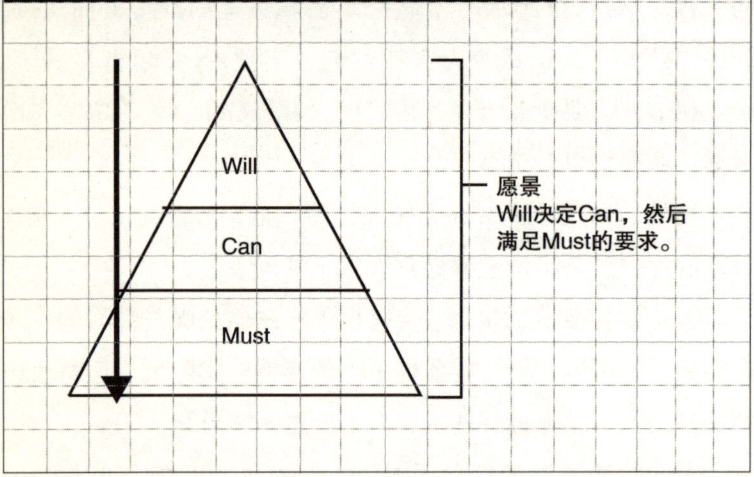


从此模型中可以解读出以下三点：

（1）愿景要升华为使命感，首先必须有 Will，其次要磨炼执行力 Can，然后要应对环境的要求 Must。在此基础上，再根据环境的反馈信息，调整 Will。在这样的循环过程中，愿景得到强化，最后升华为使命感。

(2) 从本质上说，使命感中 Must、Can 和 Will 三要素缺一不可。不过，只有 Will 也可能给人使命感的印象，但只有 Must 却无论如何不能形成真正的使命感。

(3) 三要素圆环图体现了“金字塔模型”的推演结果。三要素交叉部分的愿景，只有以 Will 为基础，才能真正成立。

常听到这样的话语，“要有领导者的使命感”或者“器量大的领导者使命感更强烈”，对此，我并不敢苟同。受 Will 感召，磨炼 Can，应对 Must，然后使命感才得以生成。要求一个人去拥有使命感，既不符合逻辑，也不会有效果。此外，使命也无大小之分。

强调拥有使命感，可以说也是注重 Must 的体现，但这种领导者的热情很难长期持续下去。只有充分理解自己的愿景，并努力地去实现，才可能形成真正的使命感。

## 案例一：井深大先生的愿景

下面以井深大先生的愿景为例，继续考察金字塔模型（见图 5）。

井深大先生从小就痴迷于技术，战后，他更是萌生以技术为祖国复兴做贡献的理想（Will）。为此，他和盛田先生不断磨炼自己的技术力和市场开拓力 Can，以实现 Will。

【图5】井深大先生的愿景

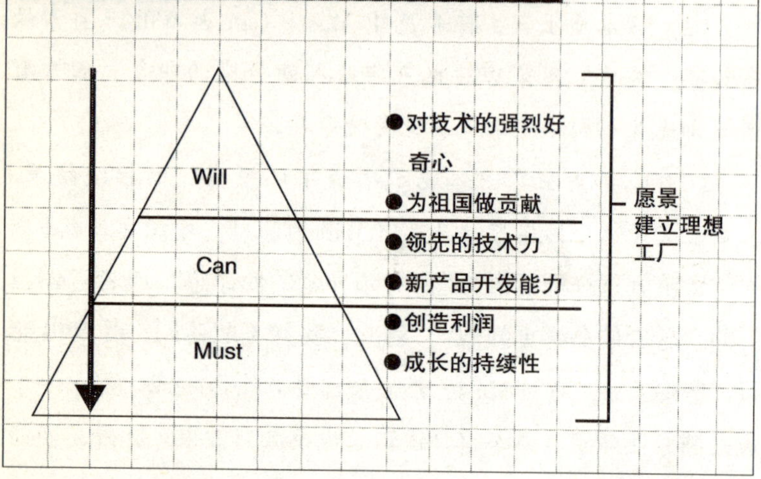


他们在市场上取得成功，创造了利润，实现了企业的可持续发展，满足了企业存在的必要条件 Must 的需要。不过，他们的企业活动并不是为了提高利益和实现成长而进行的。那是他们为实现 Will，磨炼自己的 Can 而得到的自然结果。在公司成立时，井深大先生的致辞就鲜明地反映了他的愿景："同大公司竞争，我们毫无优势可言。但是，技术的发展没有止境。我们就从那些大公司做不来或不屑于做的事情开始，凭借自己的技术实力为祖国的复兴做贡献。"

井深大先生的愿景就是 Must、Can 和 Will 三要素的交叉部分。由 Will 主导，因而给人持久的热情和动力。他的愿景最终升华为索尼精神。

此外，通过愿景的金字塔模型，也可理解为什么"Must

≠Will"。很多企业员工，在管理模式下，都是从 Must 出发开始工作的。科特先生指出，企业出于管理的需要，制定量化指标，再分配到个人，成为个人的 Must。结果，Can 的磨炼也是为了完成 Must，这种情形如愿景的金字塔模型所示（见图 6）。

【图6】愿景的金字塔模型：Must主导

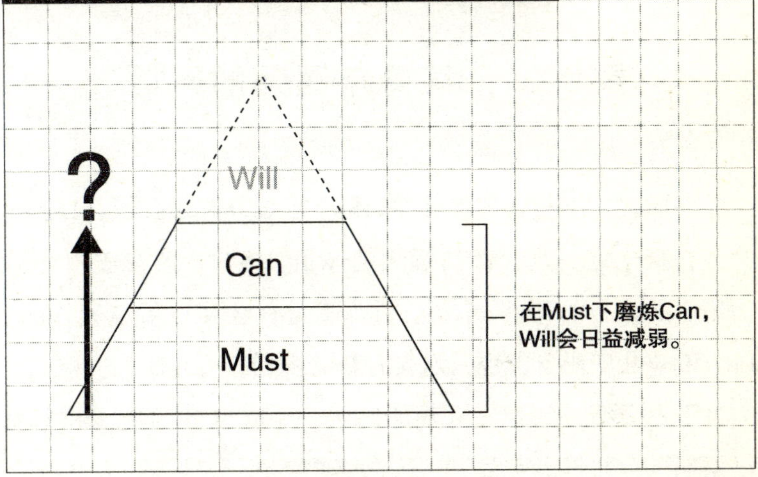


长此以往，一个人就可能不再思考 Will 的问题，而且职场工作与理想事业之间的界限也会变得泾渭分明了。当然，这些人的理想也可能变得肤浅。

我在公司上班的时候正是如此。当时如果有人问我，"你的 Will 是什么"，我可能会毫不犹豫地回答，"Must = 完成组织设定的目标"。如果别人说不是，我则可能举出"休假"或"旅游"等，与 Will 大相径庭。我也注重提高业务能力，但不是为了实现 Will，也几乎没有思考过 Will 的事情。

现在，为了实现 Will，我正积极培养自己的业务能力，为此投入了相当的时间和金钱。因为是自己真正渴求的，所以这些活动让我倍感充实。以 Will 为主导，不仅可更好地发挥领导力，而且也有益于促进个人的职业生涯发展。

## 案例二：某青年医师的愿景

前面讲的都是著名领导者的例子。也许有人会想，自己只是芸芸众生之一员，谈何远大的 Will。不过，要摆脱以 Must 为中心的企业管理模式的控制，还是有必要重新思索 Must、Can 和 Will 三要素，也一定会有新的视野。

下面介绍一位青年医师的例子。他以 Will 为主导构筑自己的愿景，并付诸实践。

他的名字叫船木良真，是一位 32 岁的医师，在名古屋市经营一家专门的出诊诊所。他从名门大学的医学院毕业后，又在大学医院当了数年的住院医师，然后毅然放弃了职业精英之路，于 2005 年开设了三叶出诊诊所。

在下决心独立创业的时候，他的头脑中已经描绘出鲜明的图景。他是在明确的愿景下扬帆出发的。

三叶出诊诊所的愿景，阅读它的网页就可一目了然。

**想要回家……帮助您实现回家的愿望!**

看到患者想回家却不能回家的悲哀、无奈,
我们开始了出诊医疗事业。

**我们希望**

您能在自己的家里,
安心、舒适、自由地接受治疗、静养。

2005年4月,数位志同道合的医师,以“创建让老人安心生活的医疗模式”为宗旨,在名古屋市开始了出诊医疗事业。

三叶出诊诊所实行团队医疗,提供24小时诊疗服务。医师们不断磨砺自己的专业技术水平,始终如一地践行诊所的理念。

(摘自　三叶出诊诊所的网站主页)

船木医师的Will明白易晓。“想要回家……帮助您实现回家的愿望”的设想,源于他当住院医生时对医院体制的质疑。医院一般采用以医师为中心的运作机制。对于患者来说,这是理所当然的事情,即便有疑问,也很少口出怨言。

实际上,诊察和手术等一般都是根据医师的日程来安排决定的。医疗方案的决定权也在医师手里,患者的意愿很少得到尊重。门诊也许还可忍耐,但长期住院却可能造成患者的额外负担。患者一旦住院穿上统一的病号服,他们的社会身份和背景就消失了，变成同样的身份——患者。即使在社会上拥有巨大影响力的人士，在医师面前也不过是一个普通患者而已。“虽然不愿住院，但考虑到病情，除了住院也别无办法”，船木医师切身感受到他们的无奈和悲伤。

他的理想就来自工作中的实际感受。看着患者们的痛苦，作为医师的他也同样不快乐。自己能做些什么呢？出诊医疗服务的模式便应运而生了。

## 坚定的创业信念

船木医师确信“如果这样做，自己的梦想就能实现”。是的，他有梦想，那就是建立让所有人都能安心生活，互助互爱的和谐社会。

他并不追求名誉、地位和金钱，他更热衷于对未知事物的挑战。他从小对什么事物都感兴趣，总想探究事物背后的原理和本质。中学时对宇宙产生浓厚兴趣，立志将来进入 NASA（美国国家航空航天局）搞科学研究。

他原本的志愿也不是从医，而是做研究。医学院毕业后刚成为住院医师时，他想的是以后去美国留学，然后做研究者。然而随着他在医疗现场经验的增多，他的志愿发生了变化。

在一个报道三叶出诊诊所的电视专题片中，有一个他在母校演讲的画面。他问学生们："对出诊医疗有什么印象？"学生们坦率地回答："感觉像是农业、上门推销、乡下……"对此，船木医师语重心长地说："大家毕业以后将要从事医疗工作。虽然也可以做医学研究，但作为医师，他的职责就是为患者提供医疗服务，希望大家谨记这点。"

讲课结束后，一位学生接受采访时说："我们学习的是最先进的医疗技术，总希望能学有所用。可出诊医疗，大概会用不上吧……"

船木医师在学生时代也许会有类似的想法。但是在医疗现场，在与各种患者打交道的过程中，他的想法转变了，他认识到对自己来说什么才是更重要的。那就是如三叶出诊诊所的理念所示："创造让人们安心生活的和谐社会。"

在我对船木医师进行采访时，他如是说："我的理想是邻里社会的再现。大家互相谦让，互相帮助，幸福地生活在一起。有困难时，大家都伸一把手。家庭和睦，邻里和睦。"

为什么会有这样的想法呢？他思考一会儿后，这样回答："我出生在滋贺县。当地人都是在互相扶持、互相帮助中生活。可是自从来到大阪，就好像进入了一个冷漠的世界。不时会碰到这样的社区。我从中汲取的教训就是，欲取必先予。要想得到别人帮助，自己必须先付出。同样，我也不想成为腰缠万贯却牺牲了家庭的创业者。"

这成为他梦想的原点。对他来说，以医师为主体的医疗体制，与他的邻里互助社会的理想相距甚远。他对自己的事业做出了这样的解释：

“我所从事的工作是构筑新的社会体系。医疗是其核心，而我正是医生。我希望从出诊医疗服务做起，推进建立一个更加理想的医疗体系。更准确地说，我们正在为创建一个人人都能安心生活、互助的理想社会而努力。”

船木医师曾经立志成为医学研究者，并脚踏实地地向着这个目标前进。在周围亲友的眼里，他前途无量。但是，在成为精英的道路上，在医疗的现场中，他接触到各种各样的患者，内心发生了巨大的变化，他的灵魂在撞击中苏醒。他将这些经历与在家乡的生活体验结合起来，找到了自己前进的方向。他的职业生涯也发生了巨大转变。哪一条道路更幸福？这不言自明。现在，他在 Will 的指引下不断前行。

他确立了自己的 Will，那是不可动摇的坚定信念。这是在与外部世界的相互作用中产生的，是源于内心的自我认识，而不是外部世界单纯加予的。童年生活的美好印象，在现实的刺激中觉醒，又在应对现实问题中升华成为理想。

船木先生拥有崇高的理想，也许这也正是他与那些一心追求名誉、地位和金钱的创业者截然不同的地方吧。

## Will 引领下的 Must 和 Can

三叶出诊诊所开业以来，事业发展顺利。他们的成功，并不只是凭 Will 的崇高理念。他们客观分析出诊医疗的事业环境，磨炼自己的 Can，最终有效应对需求 Must。

他们的出诊医疗模式以 24 小时随时出诊为前提。诊所拥有数百名患者，各自病情不同，这就需要拥有一个人数众多的医师团队。要更好地应对患者的需求，医生和患者的关系无疑以“一对一”的方式最理想。但是，在出诊医疗中，这几乎是不可能的。为此他们开发了患者病历统一管理的电子病历系统，通过医师之间的信息资源共享，实现了一位患者对数位医师的“一对多诊疗方式”。这种运作机制成为他们的优势。

医院运营和企业经营殊途同归。尤其是白手起家创建的医院，简直同风险投资企业差不多。以船木医师为首的医师团队，都到商业学院去学习经营学，并将学得的知识运用到医院的经营活动中。这些努力，都是为了实现 Will 而磨炼 Can 的方法。

还有，为了克服出诊医疗的困难，他们与本地区的护士、护理师、医院等合作，积极利用外部资源。这些举措有效弥补了自身医疗资源的不足，增强了执行力 Can。这是社会资源利用的典型案例。外部资源有难以管理的特点，但他们以自己的愿景为号召，赢得了人们的支持。时至今日，那些认同三叶出诊诊所愿景的相关医疗人士，仍然在默默地支持着他们的活动，与之形成了强有力的合作关系。

那么，从 Must 的角度来看，又如何呢？在低出生率、人口老龄化的进程中，医院接收病人的能力在不久的将来会达到极限。现在，入院困难的情形已经出现。此外还有医疗费削减的压力。出诊医疗模式正好顺应了时代的需求。患者在自己家里接受诊疗，无需病床，还可降低医疗费用。今后，出诊医疗服务的需求会越来越大吧？

简而言之，他们在Will的指引下，不断磨炼自己的执行能力Can，结果充分满足了社会的需求Must。而这三要素的交叉部分是他们的愿景——“创造人们安心生活的社会”。

需要特别强调的是，他们的事业是以Will为基础开始，Can自然强化，结果Must得到满足的形式展开的。他们的创业不是为了满足社会需求（Must），或者仅仅想凭借自身实力（Can）干出一番事业。他们的愿景也不仅仅是取三要素的交叉部分，而是将愿景置于顶端的金字塔型。因此，他们能激励自己并吸引周围的人参与进来。而将出诊医疗视作商业机会的那些医院则是以Must为主导的，在创业理念上与三叶出诊诊所有着本质的不同。

不过，必须清醒地认识到，出诊医疗服务要坚持下去并不容易。医师们随时都面临患者生死存亡的考验，而且必须24小时随叫随到。一些加入这一行业的医院不久就撤出即是例证。

三叶出诊诊所的愿景以金字塔模型表示则如图7所示。

【图7】船木医师的愿景

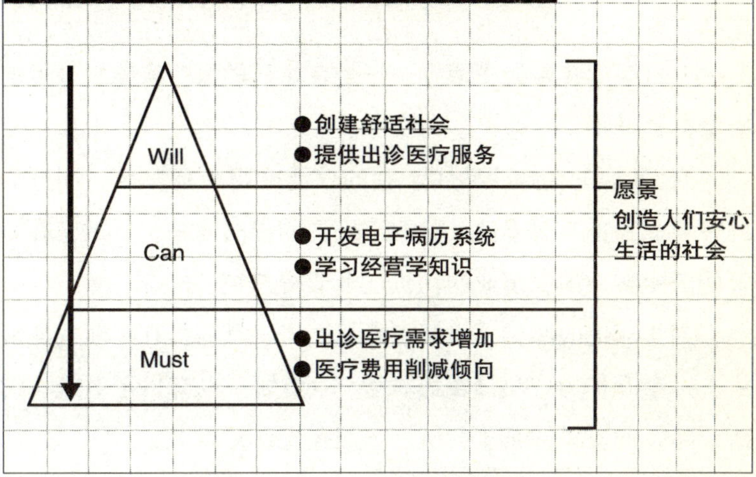


## 愿景升华为强烈的使命感

三要素圆环图有利于理解愿景的本质，但却只是愿景在某一时点的断面图，难以反映其经时变化。三要素的金字塔模型也只是反映了愿景在某一时点的构成状况，仍然难以反映其在现实环境中的全貌。

愿景升华为强烈的使命感，是一个不断循环上升的过程。有时需要再次确认自己的理想，有时还需要进行修正，最终形成坚定不移的信念。愿景以 Will 引导，磨炼 Can，然后满足外界的需求 Must，最终才得以实现。这样的过程不断循环往复，取得的成果就会越多，周围的期待也越大，要求的水平也会进一步提高。为应对这些要求，就会不断强化 Will，增强 Can。

船木医师在采访中谈到，正是在每日的医疗实践中，他的愿景得到升华。

“在不断的医疗实践中，我的信念变得更加坚定。刚开始的时候，我也不太确信，我的动机真的很高尚吗？不过，在每日的医疗实践中，事业的动机逐渐变得单纯。”

当初，他的愿望是消解患者的不安，其后，在不断的实践中，逐渐升华为“创造美好社会”。当然，也有出于对既有的医疗体系的反思，希望尝试一下服务型医疗模式。

“实际上，诊所真正开始运营后，我才发现，仅凭个人意愿是根本行不通的。只有更多地从公众的视角出发，诊所才能取得持续的成功。”

结果，Will 得到升华，他坦率地说，没有 Will，事业可能不会开始。在每天坚持不懈的努力中，Will 变得更加纯粹，对 Will 的执著也日益加深。

松下幸之助先生也是同样的。他的“水道哲学”并不是在松下电器初创时就有的。创业时，他有对自身技术的自信，也希望让昔日的上司另眼相看，还有对成为实业家的憧憬。从这种笼而统之的愿景开始，他在事业的展开中，磨炼了各种 Can，取得多种成果，自己的理想也变得更加纯粹。钱不是赚得越多越好，利润只是为社会做出贡献的一个衡量指标，是结果。“水道哲学”就是这样逐渐形成的。

# 利用社会网络资源

船木医师决意投身出诊医疗事业以后，便开始招集合作伙伴。他首先主办学习会，向参加者们讲述自己的事业理想，与他们交换意见。终于，一年后，他与四位合作伙伴一起开始了出诊医疗事业。他们一致认同船木医师的愿景，并身体力行，努力实践。

船木医师的愿景也得到其他相关医疗人士的认同和支持。他们与诊所职员一道，共同担负起出诊医疗的业务。船木医师的领导力在诊所外部也发挥着作用。

图 8 是船木医师描绘的出诊医疗示意图。一般来说，组织

【图8】 船木医师描绘的在宅医疗全景图

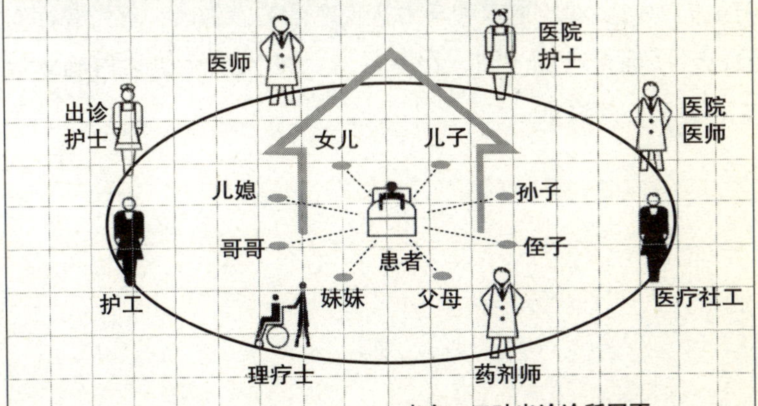


出自：三叶出诊诊所网页

结构呈金字塔，发挥领导力的人处于顶端，而全权授权型的组织，则现场、底层的员工可能处于倒金字塔的顶端。但船木医师身体力行的出诊医疗，则以患者为中心，各相关医疗人士构成外围的圆圈。在这种模式中，领导力通过人际联系发挥，与指示、命令型的金字塔型管理模式截然不同，更有利于实现出诊医疗的愿景。

至此，关于船木医师的愿景，大家已经了解不少。想象一下，他是哪种类型的领导者呢？是说起话来滔滔不绝、声音洪亮的领导者？实际上，现实生活中的他，与此种印象相距甚远。他成熟稳重，说起话来慢条斯理，似乎不像 30 岁左右的人。他没有向周围的人大声宣讲自己的愿景，他靠对信念的执著追求赢得了人们的认同和追随，从而发挥领导力。

在此，请不要误解我的意思，我不是说要大家去复制他的事迹。对优秀的领导者，不是去模仿他们的具体行动，而应学习他们如何发现、追求和全力实现愿景的。为此，首先要面对自己，明确自己的 Will。在下一章，将具体介绍如何确立以 Will 为核心的愿景。

第四章

# 从“Will”构建愿景

## Will 反映领导者的人生观

Will 主导的愿景之所以具有强大的号召力，是因为它深刻地反映了领导者的人生观。和简单履行工作职责而设定的目标不同，愿景已经成为领导者人生不可分割的一部分。因此，有远见的领导者，在周围人看起来，都具备不畏艰险、坚忍不拔的品质。

说到人生观，也许会让人感到沉重。但是，每个人的人生都只有一次，那还有什么比追求自身价值的人生观更伟大的呢？谁都不愿意违背自己的人生观去生活。愿景以 Will，而不是以 Must 为核心，就是这个道理。因此，思考 Will 的时候，应该从“希望这样”，而不是“应该这样”的视角出发。

前面讲过，Will 含有“希望做什么（=do）”和“希望变成这样（=be）”两层含义。在愿景的金字塔模型中的 Will 还可以表现为如图 9 所示，“希望变成这样”处于上层，决定下层“希望做什么”。

Will 模型中的上层“希望变成这样”，不是日常的欲求或

【图9】Will的层次模型

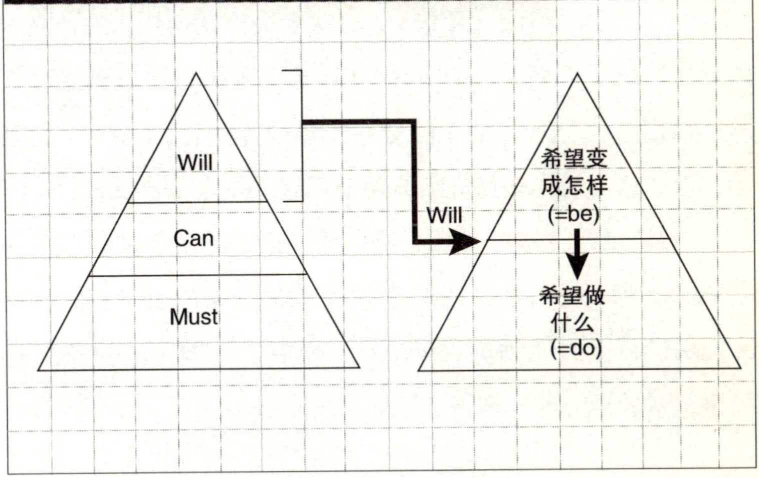


短期欲求，而是深层的愿望。它可以深刻影响一个人的重大决定，产生长期的影响。一个人做人生的重大决策时，绝不会受日常欲求的影响。他一定会追问自己的理想是什么，人生价值何在，这类深层次的问题。因此，“希望变成怎样”也包含了自己希望获得的奋斗成果。

Will 模型中的下层“希望做什么”，是指日常的、短期的行动，比如“暑假想去意大利旅行”“毕业前熟练掌握英语会话”等。这些行动是为了日常的需求或实现短期目标，因而其获得的成果也小。当然，如果有“希望变成怎样”作支撑，一个人的执著又不可同日而语。

例如，在“毕业前熟练掌握英语会话”的短期目标背后，如果拥有“毕业以后到发展中国家去帮助进行经济建设，以消除世界上的贫困和饥荒”这样的远大抱负，那么他一定会加倍努力地学习英语。又如，“在这个决算期内一定完成新药的开发”的目标背后，如果有“希望新药能尽快送到患者手里，以创建一个人人都能够健康、愉快地生活的世界”的愿望，那么他的工作热情肯定会完全不同。

“希望变成这样”如果只停留在表面的欲求上或仅仅取决于Must，那么就可能缺乏吸引他人参与进来的力量，或让本人失去进行下去的动力。Will是否含有“希望变成这样”的因素，对领导力的发挥至关重要。

## 设定Will的三个条件

“希望变成这样=Will”是愿景的核心。设定Will时，必须满足以下三个条件：

（1）反映一个人根本的价值观

（2）是绝对的追求

（3）可同时影响自己和他人

首先，一个人的愿景必须是坚定的追求，其核心Will当然也不可随环境或心情的变化而轻易改变。为此，就必须审视自己的价值观。

人们在人际关系上受挫时，经常会说同那人的价值观不同。这时，我们一般不会深刻思考“自己的价值观是什么，对方的价值观是什么”。可是，在确立愿景和设定 Will 时，则必须明确自己的价值观。

其次，愿景还必须排除“同别人比较”的因素。在我主持的管理层研修会上，不乏有参加者提出“成为行业内第一”“成为社长”这样相对标准的愿景。这并不完全错，但应是努力的自然结果。如果只是一心想“成为社长”，就可能采取有违 Will 的行动。这时，就需进一步思考：为何要追求那个职位，它会给自己带来什么？如果答案是名声和待遇，那就更值得思考了。

最后，Will 必须能激励自己，同时吸引周围的人。拥有这样 Will 的愿景，才能在给予领导者勇气和热情的同时，让周围的人共同参与、并肩前进。只有这样，才能充分发挥领导力，引领组织实现目标。

## 谁都拥有自己的 Will

人们在思考“希望变成这样 = Will”时，很容易置换成“应该变成这样”。确立自己的愿景时，也容易受“应该”的影响。比如，将自己尊敬的领导的愿景或行为，当成自己的模仿对象。这时，就可能难以倾听自己内心的声音，“应该变成这样”就成了自己所要追求的Will。那么，自己描画的Will就难以反映自己的价值观。

每一个人都是独立的存在，都拥有自己与众不同的人格。在百米之外，也许每个人看起来没有什么区别。可走进前去，仔细观察，与他握手，说话，就会发现，每个人都是不同的。同样，每个人的Will也各不相同。它是每个人独有的，无需同别人比较，因而也无所谓好坏、大小、优劣之分。它是一个人的真实，除此之外，别无其他。

我上小学时，日本的GODIEGO乐队曾演唱过一首歌曲《美丽的名字》。“名字，燃烧的生命，在独一无二的地球家园，每个人都有独一无二的名字。呼唤我们的名字吧！无与伦比的名字！”这首歌的歌词给我留下了深刻的印象。正如同每个人都有自己的名字一样，每个人也都拥有自己独特的Will。实际上，在学习构筑愿景的研修会上，参加者无一例外都找到了自己的Will。

孩子们天真无邪，活得真实、自我。其后，随着年龄的增长，开始受到各种限制，Will可能变成潜在的，但并没有消失。成人之后，我们不断地追寻自我，最终形成自己成熟的Will。

人们在按自己的Will行动时，就会充满激情，富于力量。孩子们为什么那么具有活力？就是他们具有童心，按自己的愿望行事。当然，作为成人，我们无法返老还童，但仍然可以找回儿时的热情。事实上，优秀的领导者都具备孩子般纯真的一面。前面提到的伟大领导者无不如此。索尼第四代社长出井伸之先生也提出了"数码·梦想·顽童"的愿景。他希望将索尼擅长的视听技术和个人电脑等 IT 技术整合起来，为数字时代的消费者提供"轻松使用""快乐拥有"的产品。这不正是通过自己公司的产品为成人提供梦想吗？

Will 是动力的源泉，是愿景的基础，可帮助人们充分发挥领导力。

## 发现自己的 Will

那么，如何发现自己的 Will 呢？

实际上，这是领导力中的重要课题。无论是实业家还是研究者，一般都强调愿景的重要性，但少有人论述该如何构筑愿景。如前所述，Will 是愿景的核心，是发挥领导力的关键。下面将探讨如何发现自己的 Will。

Will 并不是凭空而降的东西。它是在人生的旅程中，面对各种遭遇，自己是如何感受的，采取了哪些行动，结果如何，又是如何评价的，也即是从这些思考和行动中感悟出来的。比如，某个少年"想成为×××"的 Will，就折射出他的成长经历，也是他不断思考和实践的结果。然后，随着年龄的增长，他不断成长，Will 也得到提升。

在日常生活中，Will 并不容易显现出来，或者说更容易被埋没。所以要确立愿景，有必要有意识地去思考、发现它。

如何发现自己的 Will 呢？那就是倾听自己内心的声音。不仅是现在，还有过去，还有将来。完全抛开现在的束缚，想象一下 10 年、20 年后，自己希望变成什么样子呢。以现在为起点，反观过去，展望将来，是发现 Will 的有效方法。

（1）过去的自己：按时间顺序列出记忆中的重大事件。想一想，为什么印象深刻，对自己价值观的形成有何影响。

（2）现在的自己：分析自己为什么会有现在这样的价值观。

（3）未来的自己：想象一下希望自己 10 年、20 年后是什么样子。还有，希望以怎样的自己离开这个世界。

## 发现 Will 一：思考现在的自己

首先，不妨抛开现在的日常生活，仔细思考一下，“我现在究竟希望变成怎样？”实际上，很少有人能张口就答。面对如此简单的问题，为什么难以回答呢？这是因为人们对自己的理想（=Will）不关心。有的人也能说出答案，但多是以前的想法，并不是现在的真正理想。还有的人将理想同 Must 混为一谈。在未来的经营者研修会上，可以发现很多人都陷入到“Will = Must”的困境中。

实际上，这些人都是公司的优秀员工。在企业管理模式下，他们根据 Must（需求），磨炼自己的 Can（执行力），取得工作成果，并得到良好评价。在这样的模式中，他们无暇顾及自己的 Will。但是，只有 Must 和 Can 两要素的愿景，无论如何都缺乏号召力，因为它没有反映出领导者自己的声音。

当然，这并不是他们没有自己的理想，而是平时难有机会思考，所以一时答不上来。回想一下，自己是不是很少思考“自己究竟想变成怎样”“为什么想变成那样”之类的问题？

人们的日常行动一般都存在某种模式。在这种模式中，人们学习必要的知识和技能，不断成长。在组织行动学中，这种过程被称作“习得”，与单纯的学习不一样，还包括其对行动的影响。但也正是这种习得机制，容易让人囿于眼前的事物，而少有心力去思考自己的理想这种终极的问题。

## 从双环学习中发现自我

学习大致可以分为如图 10 所示的“双环学习”和“单环学习”两种类型。大多数人平时进行的是单环学习，即一个简单的循环过程“行动→结果→（根据反馈信息）行动→结

【图10】单环学习和双环学习

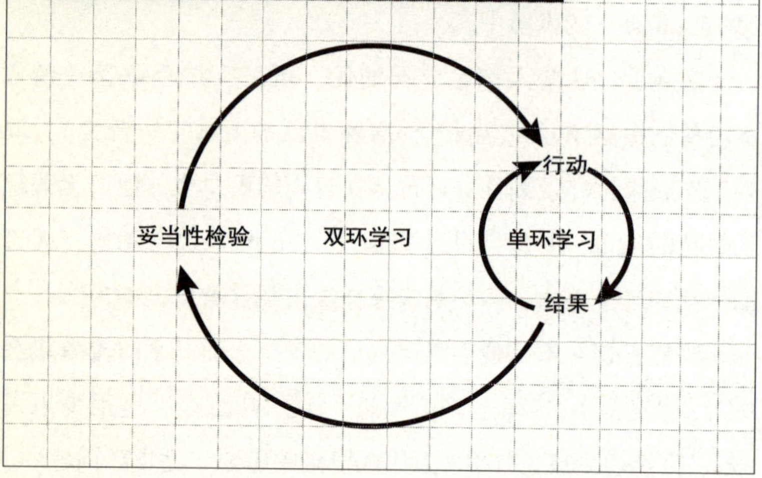


果”。行动成功，会愈加完善；行动失败，会进行修正，再行动。这种学习模式可以显著提高效率，提高专业技能。

企业内部的学习一般是单环学习。按业务内容设置部门，不断提高专业技能和效率。公司内的优秀人才一般都善于单环学习，这也是难以培养有远见的领导者的原因吧。

学校教育，尤其是日本的义务教育，以及由此而引发的激烈的升学竞争，更是单环学习的典型。这也是我们从小就习惯的学习模式。那些善于这种学习的人成绩好，被视作优秀人才。

顾名思义，双环学习由两个环组成，一个环是前面的“行动→结果”的环，另一个环检验前面单环的妥当性。也就是说，从单环后退一步，审视一下单环的努力方向正确吗？是否与时代的要求相符？

双环学习有利于创新，而单环学习益于修正、改进。善于双环学习的人富于创造性，更容易为社会创造新的价值。很多有远见的领导者都善于双环学习。前面介绍的那些领导者，无一例外，都是双环学习的实践者。

但仅仅进行双环学习并不一定能成为有远见的领导者。他还需客观分析外部环境，考察妥当性与愿景是否相符。也就是说，从双环学习再后退一步，审视妥当性与愿景的相关性，这种模式如图 11 所示。

【图11】三环学习

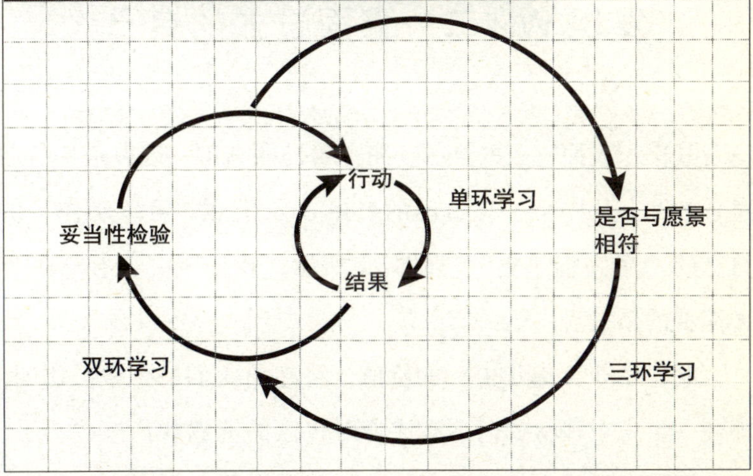


在单环学习中，很难明白“自己究竟希望做什么”。同

样，在双环学习中，也很难回答“现在做的事情有意义吗”这样的问题。因为有疑问，所以人们的学习才由单环、双环，以至于三环，从而迫近愿景的核心——Will。

因此，要摆脱单环学习的束缚，问自己“究竟希望做什么”“希望变成怎样”，尝试着倾听内心的 Will 的声音。如果找到了自己希望做的事情，还要问自己“为什么希望这样呢”。渐渐地，就能发现自己的理想 Will。

还可以与他人进行对话。一般来说，一个人的理想深藏在欲求背后，难以发现。可在对话中，人们更容易迫近真实的自我，从而发现自己真正想做的事情，希望成就的事业。

## 发现 Will 二：直面过去的自己

其次，直面过去的自己，明了自己的 Will。过去是自己走过来的路，从中可一窥自己的 Will 和价值观。可以制作一份自己的“个人编年史”，如图 12 所示，相信一定会有许多令人振奋的新发现。

制作“个人编年史”的价值，将超出人们的想象。比如：即使一个人对现状如何不满或者对自己的境遇如何感到不平，当他回顾自己的人生旅程时，依然会感觉温暖；回想起过去的桩桩事迹，依然会心潮澎湃，对美好未来的向往也油然而生。

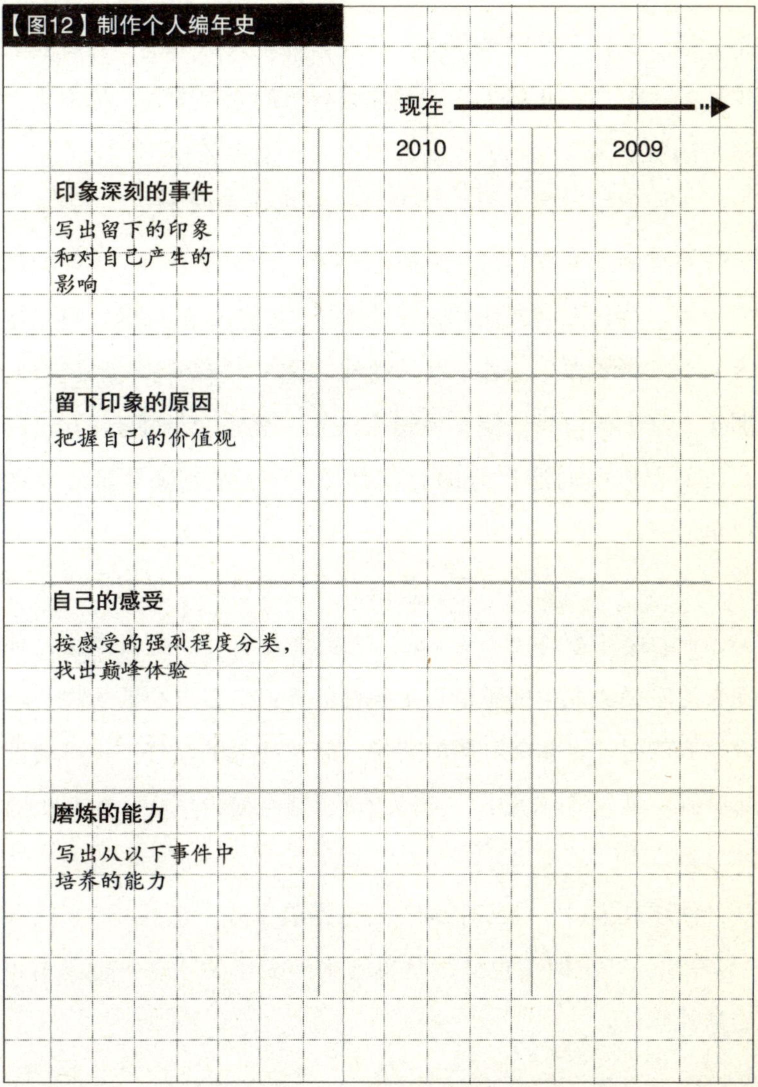
现在
2010
2009
印象深刻的事件
写出留下的印象
和对自己产生的
影响
留下印象的原因
把握自己的价值观
自己的感受
按感受的强烈程度分类，
找出巅峰体验
磨炼的能力
写出从以下事件中
培养的能力

【图12】制作个人编年史

无论是美好的回忆，还是辛酸的经历，那都是自己真实的人生。通过制作自己的编年史，从过去的个人经历中，发现自己独特的价值观。实际上，正是热爱自己的生存方式，拥有自己独特的价值观，一个人才能影响他人，发挥领导力。

人们在探讨领导力时，常常也谈到“利他主义”。利他主义并不意味着牺牲自己。只有忠实于自己的价值观，才能对他人虚怀以待，充满悲悯和仁慈之心。“我怎么都可以，只希望能为他人做贡献”，这并不是利他主义。“我希望变成这样，那才是真正的自我。要实现这个理想，我需要周围人的合作，我需要为他们创造良好的合作环境。”这才是领导者应有的视角。

个人编年史完成以后，你会发现，自己已经积累了不少经验，而且从中磨炼出不少Can。它们都是自己的宝贵财富。伴随着这些经验而生的感情也是各种各样：发自内心的喜悦、刻骨铭心的感动、痛断肝肠的悲伤、怒发冲冠的愤怒……可谓五味杂陈。从这些体验中，自己的价值观会变得清晰，Will也隐约可见。

回顾过去，“自己什么时候感到最幸福，最快乐”？这种“巅峰体验”的时刻也许就是自己强烈渴望的状态，也是Will的某种体现。

# 从巅峰体验中发现 Will：案例一

从个人的巅峰体验中，是怎样发现 Will 的呢？下面来看一位愿景研修会学员的案例。

一位女性曾在学生时代获得过网球大赛的冠军。在制作个人编年史的时候，她发现那次的胜利曾让她感动万分，因而留下深刻的印象。

这位女性仔细回忆当时夺冠的情景，她发现她最快乐的时候不是胜利的那一刻，而是在领奖台上和同伴共同举起冠军奖杯的那一瞬间。同伴脸上洋溢着喜悦的表情至今仍是那么鲜明（这时我才知道她参加的是双打比赛）。原来给她带来巅峰体验的，是和同伴共同分享获得冠军时的喜悦。

在另一个研修会上，我遇到一位同样在学生时代获得网球大赛冠军的男性，那也是他的巅峰体验。不过，最让他感动的是赢得冠军的瞬间。他从小喜爱网球，并且一直坚持刻苦的训练，付出了数倍于别人的努力。他的努力取得成果，在大赛中打进决赛，然后是一分分争夺。胜利在望时，成功的眩晕感向他袭来；胜利来了，他更是感慨万千，庆幸自己的努力终于得到了回报。

同样是在竞技比赛中夺冠，但一个的巅峰体验是“和同伴分享胜利的喜悦”，另一个却是“自己的努力终于得到回报”。他们的内心深处有什么根本的不同呢？

不知道他们两位在以后的网球大赛中是否再次夺冠。但想来时移世易，一定会况味有别，别有感动吧。不过，像“和同伴分享喜悦”“努力得到回报”这样的体验，一定会成为他们后来人生的指引。

具体来说，就是分析巅峰体验的原因，明了它的意义，也即确认自己的 Will。意识到自己的 Will，并以此为目标采取行动，就完全有可能再次获得巅峰体验。可惜的是，许多人只是将自己的巅峰体验作为回忆的一部分收藏起来。事实证明，巅峰体验完全有可能在今后的人生中再度降临。

那位“和同伴分享喜悦”的女性，现在是一家 NPO 的法人代表。她提出的愿景“为每一位邂逅的人绽放笑颜”，得到很多人的认同。人们围聚在她的周围，以微笑面对每一个人。发现 Will，发展 Will，使她成长为优秀的领导者。

另一方面，直面过去那些让自己感到痛苦的经历也同样有意义。

为什么痛苦的体验会印象深刻？那是因为它违背了自己的价值观，妨碍 Will 的实现。什么让自己感到痛苦，原因又是什么？审视痛苦体验，找寻原因，就会发现 Will 隐藏其中。

不过，亲友的亡故、离别，或其他重大事件，则可能造成严重的心理伤害，一般也难以轻易面对。在研修会上，一位女性讲述了她的亲身经历。她从小就是一个性格平和的孩子，在人生的旅程上，没有出现过感情的大波大澜。可是，在某一个时期，她却感到莫名的愤怒。仔细想来，那是上小学的时候，她最好的朋友被班上的同学欺负了。我们一起分析发现，对她来说，至高无上的价值观就是“和平”。自己最好的朋友受欺负，就是对自己最重要的“和平”受到了威胁，因此，她感到义愤填膺。

回顾过去，不要仅仅罗列重大事件，还要探索与之一起产生的情感。然后追问，为什么会有这种感受。最后，再与现在的自己相对照，就会明白，自己现在为什么会有这种感受，从而发现自己的价值观。

## 重新发现自己的 Will：案例二

童年时的梦想也可为思考 Will 提供参考。下面看一下 PLUS 株式会社执行董事伊藤洋一先生的案例。

伊藤先生大学毕业后进入日本兴业银行，从事企业融资工作。在同期进入公司的 160 名同事中，他最先被提升为代理课长，是典型的银行精英。但是，他更希望能直接为顾客服务，而不是为企业提供资金支持。于是他转职到流通行业的 PLUS，从事文具、办公家具的销售。此后，他在事业上不断取得成功。

他的Will是“为世人服务”。表面上看这个Will平淡无奇，但是仔细探讨Will形成的过程，却可发现很有意义。

刚开始与伊藤先生交谈时，他说“我想成为总理大臣”，理由是“希望日本人能更好地享受人生”。日本人不善于从工作中获得乐趣，或享受生活。他希望改变这种状况，而成为总理大臣是实现这一理想的捷径。

为了明了他的“Will”，我们运用了对话和制作个人编年史的方法。他回想自己人生中的重大事件，以及它们对自己的价值观形成的影响。我们发现，与满足自身需求相比，他更愿意为他人做贡献。他的父母都是基督教徒，他从小就参加礼拜日学校。在教会的引导和家庭的熏陶下，“为了他人的幸福”成为他的座右铭。少年时的偶像“超人”也是这一理想的体现。

最后，伊藤先生自己得出结论，“为了他人的幸福”就是自己的Will。即使无法成为总理大臣或超人，也要“为了他人的幸福”而努力奋斗。他决心继续为客户、部下、公司和更多的人做贡献。在说这些的时候，他的表情沉稳、冷静，语调严肃。

伊藤先生在思考自己的Will的时候，还发现，一直以来，他都是按这个Will行动的。从小的时候开始，帮助他人都会让他觉得特别充实。当初他选择兴业银行，也是为了帮助

“振兴实业”；想成为总理大臣，也是为了利用其影响力，促进他人的幸福。最近，伊藤先生告诉我，“为了他人的幸福”已完全渗透进他的人生，无论是日常生活还是事业。

从伊藤先生的案例可以发现，回顾过去，可以帮助我们明了自己的 Will。每个人都有过去，现在只不过是过去的延续而已。想要了解现在的自己，必须把目光投向过去，看看自己究竟有怎样的过去，发现真正的自己。

## 发现 Will 三：想象未来的自己

人生就是一段完整的故事，由过去、现在和未来组成。同过去给我们诸多教训一样，未来也会给我们启示。想象一下，希望未来的自己是什么样的？

面对过去，是对过去的自己予以解释，理解；而对未来，是去创造，是去努力和改变。自己可以任意描绘和设计自己的未来。创造理想的自己，这也是 Will 的具体体现。

当然，一个全新的自己并不是突然出现的。首先是描绘理想的自己，然后是向着这个目标努力，这样，就会越来越接近梦想。在描绘未来时，以 10 年、20 年后的视点来考虑更适宜。可将现在和未来连接起来，描绘自己从今以后的编年史。为了实现梦想，从现在开始，自己该做什么，怎样做，也就一目了然了。

描绘自己的未来时，可以将要从事的行业和职业先搁在一边，在白纸上任意描画。如果难以想象，不妨想象一下“自己的一生将如何终结”。

在领导力开发的研修会上，参加者被讲师要求想象一下，在自己的葬礼时，吊唁的人们会对自己做出怎样的评价。不是虚言假语，而是真正的盖棺定论，评价自己究竟有怎样的一生。这时，理想的自己就会浮现出来。从生命的尽头，倒推20年后，10年后，现在的自己，究竟希望是怎样的，该做何努力，怎样去追求，这些都是不言自明的。Will自然也明了了。

此外，还可与20年后的自己对话。闭上眼睛，让将来的自己坐在对面。想问他什么吗？是否还有关于生命大限时的问题？看到未来的自己，是不是会凛然一惊？人生之有涯，对伟人，对尚在人生之路上跌跌撞撞的自己，都是一样的。1天24小时，1年365天，浑浑噩噩地过，还是胸怀愿景，成就理想的自己？为什么不选择后者呢。

至此，讲了如何发现自己的Will。虽然是自己，也并不容易。可是，作为领导者，没有明确的Will，就不可能给人指引方向，也就难以领导他人。实际上，如果没有Will，自己更容易受他人影响，成为追随者。

可否想象一下，自己愿意追随怎样的人物，竭尽全力地去支持他呢？领导者一定是这样的：“我希望这样做，也希望大家同我一起做。我认为这非常重要，也一定会坚持下去。”如果领导者只是提出组织目标，效果就没有这么好了吧？

## 构建以 Will 为核心的愿景

现在，正式开始构建以 Will 为核心的愿景。

实际上，一旦明了自己的 Will，愿景的建设也基本完成了。如前所述，愿景的形成就是在 Will 的引导下，获得执行力 Can，并以此应对来自社会和周围需求的一系列过程。因此，在 Will 明确以后，构建愿景的工作也就顺理成章，得心应手了。构建愿景的具体顺序如下：

（1）明了 Will

首先要明了自己的 Will。通过对自己过去、现在和将来的分析，总结出自己明确的 Will，并扪心自问，确信“这就是我的 Will”。

（2）明了实现 Will 的能力 Can

Will 明了了，必然唤起实现的热情和努力。同时，也会思考如何去实现，也就是明确需要何种能力 Can。回顾过去，可以发现自己早已具备的 Can，或者需要强化的部分。

（3）统一 Will 与 Must

许多人认为自己的 Will 与 Must 无法统一。那是因为他们无奈地接受了现在的工作要求。如果以 Will 为基础，磨炼自己的执行力 Can，那么就可能找到自己活跃的舞台。

对于挑战新领域的人来说，将 Must 和 Will 统一起来，充分发挥 Can，一定会取得成果的。

而按组织目标行事的人，也可以重新思考、明了自己的 Will，那么他对自己工作的认识也一定会有所改变。他所完成的任务，不仅仅是实现了组织内部的数值目标，也一定会对组织外部产生影响。

例如，要销售商品完成销售额，就必须有组织外部的顾客购买才能实现。向潜在顾客推荐商品，是想向他们提供一种怎样的价值？想为社会带来怎样的变化？还有，你为什么选择了现在的职业？为什么进入现在的公司？在努力完成销售目标的背后，一定还有其他理由。思考它们、认识它们，你对 Must 的理解一定会发生质的变化。

还有，也可重新思考、认识决策层提出的愿景，尤其是创业者提出，并代代相传的。这样，自己的工作目标就会有新的意义，Must 也可由不得不做而转化为自己乐于、立志做的事情。最后，一种值得自己全力以赴，富有使命感的愿景就诞生了。

构筑愿景的程序，从理论上讲都显得抽象，下面介绍一个具体案例。这是我在早稻田大学举办的 MBA 课程上，讨论“如何构筑愿景”这一课题。学员金秀庭小姐来自韩国，曾在一家韩国企业担任高级助理。在研修会上，金小姐通过回顾自己的过去，明了了自己的 Will，从而形成了以 Will 为核心的愿景。

金小姐在个人编年史中列举了自己的巅峰体验，从中总结出“帮助他人成长，实现创造性人生”的愿景。她在就读商学院的毕业论文中详细记述了自己的愿景、形成背景，以及将如何实现。

“我的愿景，并不是毫无根据，凭空想象出来的，而是从过去的各种经历中探索自己的激励源泉，在深思的基础上得出的必然结果。我珍惜人与人之间的信赖关系，重视互助与和谐的价值，对教育有浓厚的兴趣。还有，我是在有七个兄弟姐妹的大家庭中成长起来的，无疑，这些都帮助我形成现在的价值观。在我至今为止的人生当中，我觉得最充实、最有意义的时期，就是在我的价值观得以实现的时候。

“当初，我只对自己的成长和如何拥有自己的创造性人生感兴趣。然而，在思考更广阔的人生愿景时，我回顾了自己的过去，探索激励自己的源泉和价值观，结果发现了更高层次的价值观，如‘互助、贡献、教育’等，我的愿景也由‘利己’转变为‘利他’，开始形成更加成熟的自我。”

以上表述，展示了金小姐确认 Will 的全过程。

接着，她讲述了将如何实现自己的愿景。也即如何磨炼 Can，决定自己的奋斗领域，应对 Must 的需要。

“我希望通过秘书工作实现我的愿景。我想成为帮助老板成长的秘书，然后培养和造就出大量优秀的秘书人才，为提高秘书职业在韩国的社会地位和影响力做出贡献。秘书的工作成效是由信赖程度决定，它是同‘人’而不是同‘物’打交道，特别要求沟通能力。对我来说，这些正是秘书工作的魅力所在。我希望在今后的职业生涯中引进‘美妙的矛盾’这一概念，开创出新型的秘书职业。这正好与常识相反，别人无法复制，唯我独有、坚持的风格。

“比如，秘书一般都是由老板挑选的，但我要做‘自己挑选老板的秘书’，我要成为超强的秘书。一般来说，老板是领导，秘书服从，但我想成为‘领导老板的秘书’，激发老板的判断力、注意力、创造力，从而产生更高层次的价值。也就是成为表面上由老板指挥，实际上却能激发出老板更大潜力的秘书。我希望通过持续实践‘美妙的矛盾’，改变人们对秘书职业的认识，使秘书职业产生出新的价值，从而为提高韩国秘书的社会地位做贡献。那将是我最有价值的幸福人生。我心已决，将向着这个目标前进。”

金小姐将成为优秀秘书作为实现愿景的方法和 Must。同时，她还认识到，她还可以培养后辈，为社会做出更多贡献。结果，与其他 MBA 学员不同，她从自己一直从事的秘书工作中找到了自己的愿景。

也许，在她以后的职业生涯中，渐渐地，周围的人就会想“我也希望和她一样，能够创造性地帮助他人成长”。这样，她的 Will 就更容易坚持下去。

她表示，为了实现自己的 Will，她将磨炼自己的沟通能力、激励能力和商务技能。这样，她的执行力 Can 也有了具体的内容。相信她经过坚持不懈的努力，一定能成为激发老板能力的优秀秘书，并进而在秘书职业培训中大显身手，在更大范围内为社会做出贡献。

由此可见，以 Will 为核心的愿景，自然可应对 Must 的需求，而 Must 也没有了不得不做的强迫色彩和无可奈何。所以，有明确的 Will，自可磨炼 Can，进而应对各种不同的 Must，这是一个自然的过程。

## 愿景有好坏之分

前面讲了构筑愿景的重要性，但也并不是从此以后就万事大吉了。

愿景分为“好愿景”和“不良愿景”。如果领导者提出的是不良愿景，那么组织就可能陷入疲敝之中，所提供的商品也可能与人们的需求 Must 相距甚远。愿景与领导者的 Will 息息相关，需慎之又慎。

违法和违反公共道德规范的愿景自不用说。在这里想考察的是那些从文字上难以判别善恶的愿景，它们需要检验愿景背后的 Will 的性质。

Will 是每个人内心愿望的一种反映。如果将模糊的愿望当作 Will，则可能非常脆弱。如果据此设定愿景，并为之奋斗，则是不恰当的。当然，这样的愿景可在企业的日常经营活动中受到检验，尤其是遭遇巨大困难时，更需要坚持下去的决心和毅力。不过，如果领导者全力以赴，也可能带领组织克服困难，但组织是否因此在歧途上越陷越深呢？

那么，合适的 Will 究竟是怎样的呢？在此，可检验 Will 是否与以下三个条件相符：

（1）反映根本的价值观，不轻易改变

（2）是绝对的标准，而不是相对的

（3）为他人带来利益，而不是从自身出发

前面讨论的“可能克服困难状况的不合适的 Will”就与条件（1）相符，但是否与条件（2）和（3）相符呢？

一般来说，不合适的 Will 主要有两种类型：

一种是金钱型的 Will，一般难以满足条件（2）和（3）。而且正是因为满足了条件（1），才更容易招致不幸的结果。当然每个人都有对金钱的欲求，这是人的本性。而企业追求利益也是它的至上命题，这也是资本主义经济存在的前提。但是，在探究一个人的理想时，如果他回答“想成为富翁”，是不是让人不敢苟同？

以金钱为导向的愿景后面隐藏着许多陷阱。这样的企业容易出现不正当行为，为利益相关者带来损失。比如：轰动世界的美国安然公司财务造假案和经营舞弊案，还有日本 Livedoor 公司的财务造假案、村上基金的内线交易案。企业利润本应是善行的回报，是努力的结果。也许读者有不同想法，但纵观世事，还是不难做出明智判断的。

另一种是领导者的个人名誉心转化为 Will 的类型。这里所说的名誉心，就是“想出名”或者“希望受到高度评价”。其实无论是谁，内心深处都或多或少有对名誉的渴求。不过，如果愿景以名誉心为导向，则很容易让企业误入歧途，付出高昂的代价。

例如：企业将成为“业界第一”作为愿景时，就有必要考虑目的究竟是什么。首先，这一愿景是相对的，不符合 Will 的检验条件（2）。它可能带来规模效益或提高企业的知名度，但是否真正妥当呢？其次，它是否是为了满足领导者成为“最了不起的经营者”的欲望呢？如果是那样，企业同样容易误入歧途，结果并不会为他人带来利益，从而与 Will 检验条件的（3）不符。

已经确立愿景，并为之奋斗的领导们，请一定要检验一下，自己的愿景是否与条件（2）（3）相符。金钱或名誉确实容易成为人们前进的动力，但也容易与真正的理想背道而驰。在做重大决定时，一定不要忘了检验愿景的妥当性。

下面再讨论一下“好的愿景”，这也可分为两种类型：

一种是贡献的类型。一个人不可能完全遗世而独立，他必须借助他人的力量，同时贡献自己的一份力量，才能生存下去。这就是社会的基本原理。因此，他所做的任何事情也必定有“为他人做贡献”的成分。同时，“为他人做贡献”也是一个人的基本欲求，以此为核心的愿景也会为人为己带来幸福。因此，也容易获得人们的认同，取得良好的成果。本书提到的有远见的领导者，大多都是贡献型的愿景。

另一种是好奇心的类型。人人都有好奇心，“为什么是这样？”“为什么变成这样？”正是永不满足的好奇心，激起了人们探索、追求的欲望，创造出全新的价值。好奇心可以变成巨大的动力。索尼公司井深大先生的愿景，堪称根植于好奇心的典型。

## 仆人式领导力

在判断愿景的好坏时，难免会想到“仆人式领导力”的说法。

谈起领导力，一般都会想到操纵他人，或是“居高临下地发号施令”。因此，许多人都认为自己不适合做领导，并为此而烦恼。其实，所谓领导力，就是引领组织向理想的方向前进的能力。发挥领导力的方式并不只有一种。

所谓“仆人式领导力”，就是像仆人一样为他人创造一个良好的工作环境，促使组织向着理想的方向前进。这是由美国管理学家格林利夫（Robert K. Greenleaf）于1970年提出的。格林利夫曾在AT&T公司工作，而后活跃于教育、咨询业界。他的这一管理思想在企业家、学者中产生了广泛影响，获得了越来越多的认同。

格林利夫从黑塞（Hermann Hesse）所著的《东方旅行》一书中受到启发，认为书中人物勒奥体现了真正的领导力。勒奥是一个旅行团的服务人员。他性格开朗，总是给大家带来欢声笑语，成为旅行团不可或缺的一员。有一天，他突然从大家的视野里消失了，旅行团立即陷入混乱，甚至旅行都难以持续下去。后来，旅行团的一位成员总算找到了他，发现他是组织这个旅行团的负责人。勒奥既是领导者，又是服务人员，正是他的双重努力，使这次东方之旅得以顺利进行。

格林利夫先生从这个故事中得出一个结论：“优秀的领导者，首先是仆人。”他在自己的著作《仆人式领导力》中，对勒奥做出如下评价：

“勒奥一直是领导者，也是仆人。为什么这么说呢？因为那是真实的他，是与生俱来的。他天生具有仆人的素质，所以也天生有领导力。授予的或伪装的东西，总是会失去的。但是勒奥的仆人素质，绝不是他人授予的，也不是伪装的，所以也不会被人夺去。他首先是仆人。”

格林利夫先生提倡的仆人式领导力，其本质可以归结为一点：“领导者首先要奉献，然后才是领导。”以勒奥为例，就是“首先是奉献，奉献精神是天生的。”这是发挥领导力的起点，然后才是有意识地选择、引导。这就是仆人领导力的形成过程。不过，“追求绝对权力，用以满足自己物欲的人”却完全不同。

格林利夫先生的领导力理论有他的宗教背景，但不可否认，这与追求权力或金钱的领导力理论是截然不同的，是值得今天的人们反思的。

格林利夫先生认为奉献精神是天生的，但我以为，正是有了好的愿景，人们才会萌生奉献精神。否则，哪里谈得上仆人式领导力，不过是一个单纯的仆人罢了。

自己拥有理想，为此，向追随者们奉献自己，以赢得他们的参与，共同为实现这个理想而奋斗。这是顺理成章的事情。如果拥有自私的愿景，又怎么可能向他人奉献自己？其领导方式，也自然容易流于强力或压力了。

前面介绍的有远见的领导者，基本上也都属于仆人式领导力。至少，他们都为追随者提供强有力的支持。大家在检验自己的愿景的时候，可否也扪心自问一下：“为了实现这个愿景，我能否成为仆人式领导者？”

# 第五章

# 全面授权模式

## 全面授权模式的视角

本书以“有远见的领导者”为主题，在前面四章中详细论述了愿景的重要性。那么，有了好的愿景，又如何吸引、带动周围的人共同参与呢？下面将探讨如何发挥领导力，实现美好的愿景。其核心就是前面讲到的“全面授权模式”。

一般认为，“领导力就是对组织施加影响，促使其实现目标的能力”。那么，该如何影响人们去实现目标呢？

一直以来，广泛采用的是指示、命令，也即企业管理的方式。通过组织结构（岗位责任）和人事制度（赏罚制度），管理、控制员工，使之实现数值化的短期目标。员工作为管理的对象，只是实现目标的手段，是执行命令和指示的被动的存在。如人力资源管理一词所示，员工只是组织的资源。固然，对组织来说，管理必不可少，但在如何实现愿景上，它真能取得预期的效果吗？

领导力是促进实现愿景的能力，而追随者就是“共有目标，共同奋斗的同道”。对这样的同道，指示、命令的方式适合吗？共有了前进的方向后，追随者需要自主地思考、行动，领导者则适时予以支持。也就是发挥如前所述的“仆人式领导力”。

试想，如果金牧师为了实现没有种族歧视的社会，而对每个追随者都发号施令，并对违反命令和指示的人施以惩罚，那他的社会变革能成功吗？人们还会有参与的热情吗？无疑，在民权运动上，全面授权模式更能发挥他的领导力。

松下公司在领导力发挥上，也广泛采用全面授权模式。松下幸之助先生以严厉斥责部下而闻名，但这是源于他对他们的信任，对他们能力的期待，和与之共有的为社会做贡献的愿景。正因为如此，公司才采用现场授权模式。但当现场未实现组织目标，出现人、财、物等资源浪费时，则进行严格管理，也就是予以严厉的斥责。松下公司同时利用全面授权模式和企业管理模式，充分实现了为社会做贡献的愿景。

企业管理的前提是“如果不进行适当管理，人们就可能怠工或逃避责任”，对人的本性基本上持否定的态度。而全面授权模式则是“同兴趣爱好一样，人们对工作同样充满热情。他会积极承担责任，自主地进行创造性的工作”，对人的本性持肯定的态度。

从松下先生的例子可知，当组织共有愿景，信任员工，自然会采用全面授权模式。而以为社会做贡献为企业愿景，认同、参与的员工就是志同道合的同道，自会自主地思考、行动了。

当今社会，对企业来说，单纯的管理模式已难以适应时代的需要，不少企业已开始向全面授权模式转换。尤其是一些组织内的部门经理，他们已不单纯依赖传统的上下级关系，而是充分利用组织内的各种网络，获取、交换信息，充分发挥领导力。

另一方面，对网络型组织来说，全面授权模式的优越性更是明显。前面介绍的船木医师的出诊医疗服务，就是典型的网络型组织。它的护士和进行日常护理的护工，都是组织外的人员。正是在共有愿景的前提下，人们才自主地加入、推进这项事业的发展。

网络型组织，以及与之相应的全面授权模式，也出现在传统的层级式企业中，如项目小组、课题小组，和员工自愿结成的团体等。另外，SNS（社会性网络服务）等虚拟社区也属于网络型组织。即使在日本政界，派阀政治也日趋势微，而以政治理念为中心的网络型政治力量正在兴起。

在社会变化日趋激烈的今天，组织也需要在变中求生存。由中央集权型的层级组织向自律分散型的网络组织转换，采用全面授权模式的领导力方式，也是时代的大势所趋。

## 追随者的激励管理

愿景不论大小，都需要某种形式的组织活动。其效果如何，则与领导者、追随者的工作热情息息相关。那么，领导者该如何有效激励追随者呢？

关于员工激励机制的研究不计其数，有关理论也为数不少。在考察全面授权模式的效果时，首先来看一看美国心理学家赫茨伯格（Fredrick Herzberg）提出的双因素理论。在组织管理领域，它与马斯洛的需求层次理论齐名。

赫茨伯格对“人从工作中追求什么”这个命题进行了深入研究。他得出结论：让人们对工作感到满足或不满的原因并不相同。为人们带来满足感的因素，如成就感、表彰、工作本身、责任、成长等，他称之为激励因素，是内因；而让人们感到不满的因素，如公司政策、管理、监督方法、人际关系、工作环境、工资等，他称之为外因。

“满足的反面是没有满足，没有满足并不会立即陷入不满；同样不满的反面也不是满足，即便没有不满，也并不意味着会立即转化为满足。”

以上述理论为参考，考查全面授权模式和管理模式，可以发现，两者的激励效果大相径庭。管理模式基本上以保健因素作为刺激手段，即便能消除人们的不满，也难以提高工作热忱。但全面授权模式却能提高人们的满足感，激发工作热情。

有远见的领导者拥有自己的愿景，能不断激发自己，获得前进的动力。通过全面授权，员工的理想就可能与组织的愿景重合，从而在组织内生成众多的“有远见的领导者”，使组织整体的工作积极性得到提高。

## 全面授权模式：What 型、How 型

全面授权，英文的字面意思是“给予力量”，但在领导力上则是赋予权限和责任的意思。人们对“权限”较为熟悉，责任则包括激励、培养人才、增强组织活力等。

人们得到授权，就会自主地进行判断，采取行动；组织由这样的员工组成，自然也会充满活力。但全面授权模式也是一把双刃剑，运用不当，也可能达不到预期效果。

它与领导者对结果的期待、完成的速度有关，还受到被授权者的经验、技术，以及积极性的影响。为此，领导者需要经常思考“为何要全面授权”。一般来说，全面授权模式可大致分为两种类型。

（1）包括做什么在内的全面授权——What 型

（2）指定或共同协商做什么，仅授权执行——How 型

两种类型都以共有愿景作为前提，但其后的实施方法不同。首先是 What 型，属于真正的全面授权模式，“做什么”“如何做”全部由被授权者决定。为此，被授权者需要发现问题，进行深入的思考和分析，找出解决的办法，并付诸实践。

What 型授权，需要被授权者充分理解领导者的愿景和意图，并拥有完成一系列流程的能力。被授权者需要在探

索、碰撞中前进，反复领会领导的意图、俯瞰全局、发现问题，制定对策，全面提高解决问题的能力。同时，在自主前进的过程中，对工作的责任心、执著也得到增强。What 型授权，一般从经营决策层开始，继而向业务部门、管理部门推广。

How 型采用了 What 型的后半部分，即只授权“如何做”。做什么由授权者或双方共同协商决定。被授权者需自己制定行动计划，并付诸实施，因而也更容易有自主性和责任心。

由此可见，授权者在授予权限时也需有一定标准，下面将详细全面授权的各个程序。

## 程序一：洞察对方的能力

全面授权模式要求被授权者在领会愿景的基础上，发现问题、思考对策、制定行动计划，最后付诸实施。以上环节是连贯的，不是孤立的存在，因此需要综合考虑。具体来说，作为领导者，在授权前和授权后，需要按顺序做好五个方面的工作，以保证全面授权模式取得最好效果。

授权前：

（1）洞察对方的能力

（2）共有愿景

（3）设定课题

授权后：

（4）提供支持

（5）事后评价

下面将逐一探讨以上五个程序，并以实际实行组织变革的X公司为案例进行说明。

首先从（1）开始，洞察对方的能力。在全面授权模式中，是选择What型还是How型，就是由此决定的。具体来说，需要从理解力和执行力两个方面进行深入考察。

理解力就是深刻理解、领会领导者的意图、愿景及其背景。被授权者只有具备这样的能力，才能自主地行动；而授权者也才能避免提出具体的指示、命令，以使全面授权模式取得最好效果。毫无疑问，理解力对What型的全面授权模式尤其重要。它可以保证前进方向的正确性，避免出现南辕北辙的大错误。

其次是执行力。理解力强的人并不一定执行力也出色。实际上二者兼备的人更是凤毛麟角。不过，执行力更容易在工作中培养，所以全面授权模式在人才培养，能力开发中也具有重要意义。

在洞察对方能力之后，就可以选择全面授权模式中的What型还是How型。有时，如果对方的能力实在差强人意，也可以采用传统的管理模式，即以指示、命令的形式进行领导。总之，作为领导者，洞察对方的能力非常重要。

下面以X公司为例进行说明。X公司已成立40年，是一家食品生产企业，现有员工150名。不久前，创业者的首任社长引退了，他的长子（以下称A社长）继承了家业。X公司虽然在规模上属于中小企业，但主力产品的市场占有率非常高，一直是供销两旺。不过，近年来却出现了经营瓶颈。原来，随着公司产品消费群体的逐渐高龄化，和现在年轻人口味的改变，公司销售额逐渐下降。如何应对以上困境，成为新经营者面对的重大课题。

A社长决定进行重大的组织变革。实际上，在接任社长职位之前，他就已经描绘出改革蓝图。只是让他颇为踌躇的是如何任用一直以来总管公司具体业务的常务总经理B氏。

B氏是优秀的财务专业人士，备受前任社长信赖，一直是他的得力助手。但是，在新的变革面前，B氏却难以形成具体的行动方案，更无法定位和重建公司新的形象，以及协调与顾客、销售商的关系。

为此，A社长调整经营团队时，毅然提拔年轻的C氏作为自己的副手，而让财务专家的B氏全权负责公司的资金运作。C氏是一名年轻的部门经理，认为公司必须变革，并提出自己的独特见解，与A社长的思路不谋而合。

以上决定就是基于A社长对两人能力的洞察。C氏理解力超群，因而被授予What型权限；B氏执行力优秀，被授予How型授权。果然，C氏总是能深刻领会A社长的经营思路，并在公司内予以实施、落实；而B氏也恪尽职守，还为公司培养大量后备人才。

# 程序二：共有愿景

领导者真正确立愿景后，必然会吸引周围的人参与其中，即共有愿景。愿景会激发领导者炽热的激情，同样，周围的人在共有愿景后，也会努力去实现，并继而扩大到整个组织。

也就是说，要实现愿景，其共有是前提。可日本人视含蓄为美德，不喜欢个性的过度张扬和表现。那么，在愿景的共有上，又该如何行动呢？

一般来说，愿景的共有被视为沟通的问题。其实，这不是简单的信息传递，它还需要深深地打动对方，得到对方的理解和认同。当然，这并不容易。人不是机器，具有多样性和复杂的情感。尤其是在现在这样急剧变革的时代，要让习惯于传统思维的人们接受新的愿景，难度更大。这就需要从根本上改变他们的思维定势，消除抵触感和抗拒感。具体来说，就是要充分利用沟通技术，传递自己的热忱。

根据传递的信息量和效果，各种沟通手段的情形如图 13 所示。

在信息传递上，最方便、快捷的无疑是电子邮件了。但要讲述自己的理想（Will)，让对方共有自己的愿景时，无疑，面对面的、一对一的沟通方式效果最好。此外，也可综合利用其他沟通方式，以确保实现愿景的共有。

【图13】 沟通手段

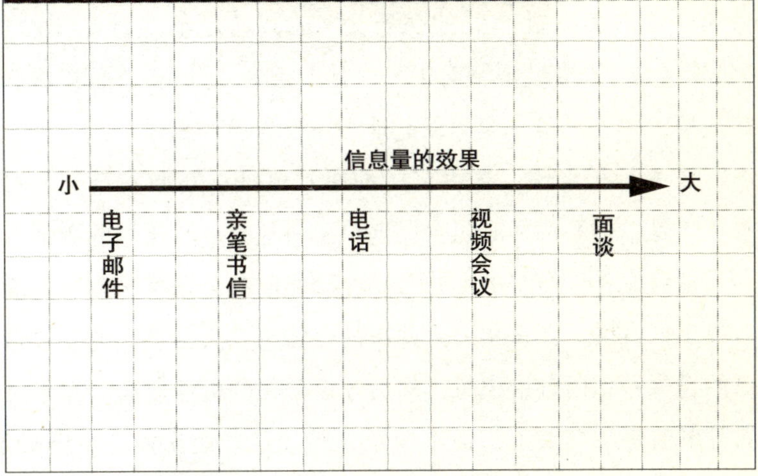


日产汽车的戈恩（Carlos Ghosn）会长兼社长，就非常擅长沟通。1999 年日产进行大举变革，戈恩会长利用各种沟通方式，甚至经常现身大众媒体，不断传递出“日产在改变”的信息，受到人们的关注。当然，公司的合作伙伴、员工，无疑更是深受感染，认识深刻。

此外，沟通是双向的。要改变人们的认识，不是单纯的信息传递就可实现的。在宣讲自己的愿景时，还要详细阐述它的背景，听取对方的意见，回答对方的提问。在相互理解的基础上，愿景才能变成激励对方的内在动机，实现愿景的共有。

X 公司就非常注重愿景的共有。A 社长提出的愿景“以我们的产品创造日本的健康”，也饱含了他的理想 Will 和炽热的激情。他是从顾客来信“因为贵社的产品，我们才享受着美味健康的生活”中受到激励，决心继承家业的。他充分利用公司“提供美味食品”的执行力 Can，满足了“食品安全”“价格实惠”“提供超值美味”等社会需求（Must）。他以满怀的热情，率先垂范，全力以赴地去实现自己的愿景。

对 A 社长来说，宣讲自己的愿景也是重新激发自己的过程。于是，他利用所有机会，向员工讲述自己对愿景的激情。

他将愿景以海报的形式张贴在公司的各个角落，站在前面对员工们宣讲。在每年召开两次的全体员工大会上，他杂以自己的逸事和感悟宣讲愿景，然后才讲公司的营业目标。在每月召开的管理层会议上，他讲愿景，还同经理们交换心得体会。他还定期发行小册子，以“社长寄语”的形式向员工们宣讲愿景。总之，他利用各种形式，坚持不懈地向社内各级员工宣讲愿景。

大约一年半后，X 公司的员工不仅对愿景的文字耳熟能详，而且还理解其背景，相互之间也探讨自己该怎样做。

## 程序三：决定课题

洞察对方能力，共有愿景后，就进入授权前的最后程序——设定课题。

在采用全面授权模式时，一般最先想到的是设定课题。也许领导者希望通过这个课题，使被授权者得到成长，或者希望他彻底承担部分工作。

不过课题设定与全面授权不可等量齐观。它还需遵循全面授权模式的程序：首先洞察对方的能力，其次共有愿景，最后才是设定课题。有时，对课题还需相应地修改，甚至不予授权。此外课题的设定还需与部门的 Must 相符。这样，被授权者才会更有责任心和积极性。

在 X 公司，对 C 氏是 What 型全面授权。具体来说，C 氏的课题就是策划、召开每月一次的管理层会议，由管理层根据 A 社长的愿景确立各自部门的愿景，然后由他向社长报告。实际开会后发现，对很多提问 C 氏穷于应对，但这并不是因为他能力不足，而是资历不足的缘故。后来 A 社长做出调整，派遣 C 氏去主持年轻员工的类似会议。

另一方面，C 氏在新产品开发的全面授权上却完全成功。除预算资金等上的决策限制外，其他事情上他无需事事请示，也没有中途干涉，结果，C 氏的责任感、积极性大为提高，取得了丰硕成果。

至此，授权前的三个程序：洞察对方的能力，共有愿景，设定课题，都介绍完了。如果领导者从质和量上充分实践，那么全面授权模式的成功就指日可待了。

## 程序四：提供支持

被授权者在实施课题的过程中，可能会发现自己当初对环境的认识有偏差，或者环境发生了大幅度变化，这时就需要领导者及时提供支持。

也许有的领导者在课题的实施过程中倾向于保持一定的距离，避免过度干涉妨碍被授权者的自主性。其实，适当的支持不但可增进双方的交流，还能增强双方的联系和信赖。领导者没有发现的问题，被授权者的烦恼和不安，都有待领导者的理解和支持。

在X公司，A社长也曾多次为C氏提供支持。比如在新产品开发时，需要选择供应商，这对C氏来说难度颇大。为此，A社长向前任社长咨询，利用其社会资源网络，为C氏介绍供应商，提供了强有力的支持。

## 程序五：事后评价

在领导者的支持下，课题完成。此时，就需要对全面授权的各个环节进行评价：哪些做得好，哪些存在不足？对领导者来说，实现愿景的路程漫长遥远，是一个不断授权的过程。他需要不断选取人才，总结课题的得失成败，并取得最终的胜利。被授权者在课题完成后，也需要退后一步，重新审视该课题与领导者的愿景之间的联系，并总结自己与部下的合作方式。同时，课题实施的过程还是人才培养的过程，通过事后评价，还可以为下一个目标的设定和课题的实施打下坚实的基础。

在X社，A社长和C氏在新产品开发项目结束以后，在事后评价上投入了大量时间。在这个项目中，C氏的领导力得到了完美的发挥，其团队运营能力也得到明显提高。C氏感受到了自己的成长，还发现今后施展才能的更大空间。

此外，在项目实施期间，有一位成员曾经提出离队申请。经了解，原来是他觉得C氏讨论问题的方式太强硬，大家很难发表意见。后来通过A社长的介入，问题得到解决。项目完成以后，这也是评价的内容之一。

A社长和C氏还重新审视了愿景和产品开发的关系。A社长认识到自己的工作重心应更多地集中于公司内部，C氏则表示自己容易受到眼前事情的干扰而难以把握长期的方向。这些都是从事后评价中获得的宝贵认知。

## 全面授权模式的受益者

全面授权模式的受益主体可分为领导者自身（授权者）、被授权者和组织，下面分别进行探讨。

(1) 领导者自身（授权者）

通过授权，领导者“自己的愿景”转变成“大家的愿景”。授权的成功，也意味着向愿景的实现前进了一步。

领导者还可从全面授权中获得时间资源。作为领导者，不仅需要管理组织内部，还必须时刻关注外部环境的变化，保持与外界的接触和交流。领导者都是大忙人。因此，通过授权，节约时间的意义重大。X公司的A社长也通过将许多业务授权给C氏，从而使自己有更多时间来考虑公司的长期发展方向，主动出击构筑与外界的关系，设计公司内部的新制度等。

当然，授权的勇气也是成长。授权的前提是信任对方，发现对方的长处，并予以期待。领导者拥有这样的勇气，予以授权，对方自会做出相应的回应。

（2）被授权者

人一旦被委以重任，工作的积极性就会提高，结出丰硕的成果。在X社的组织变革中，C氏的才能得到极致的发挥，同样，B氏也得以再遇“明主”。作为前任社长的股肱，年轻社长会怎样对他？B氏的心中自然忐忑。结果，B氏被授权专管自己擅长的财务领域，并负责培养后继人才。B氏自然会深报知遇之恩，万分热情地投入到工作之中。

其次，在全面授权的工作中，被授权者需要独立思考和自主行动，从而得到培养。What型授权，在决定“做什么”中，思考力、洞察力得到锻炼；而接下来决定“如何做”，则可锻炼执行力。How型授权，同样也锻炼执行力。

人们一般将全面授权视为一次机会，期待做出成绩得到上司的赏识。其实这是目光短浅的想法。从长远的角度来看，这更是一次自我成长的绝佳机会。对领导者来说，单凭指示和命令，效率、准确性会更高；而他选择了全面授权，就是投资于被授权者的成长。

在X社，A社长提拔C氏，并委以重任，也是对他的成长充满了期待。自然，C氏也深感社长的知遇之恩，加倍努力，让自己得到很大成长。

（3）组织

全面授权模式从表面上看似乎只关乎领导者和被授权者，其实，这种模式长期、广泛的施行，对组织更会产生巨大的影响。

首先，彻底实行全面授权模式的自律型组织决策迅速。从其反面的例子来看，这也不难理解。在层级型大组织中，如果现场的员工想决定什么，他可能要向课长汇报，课长向部长汇报，部长向高层主管领导汇报……一层层报上去，这种冗长的决策体制并不少见。而在自律型组织中，授权可能到课长一级，决策速度自然迅速。在当今，决策速度也是竞争力之一，其重要性不言而喻。

其次，长期实行全面授权模式的组织，组织氛围明快健康。这样的组织，员工们都学会独立思考、自主行动，部门之间的壁垒也会降低。结果，组织转变为自由、开放的社会性服务网络。

在X社，全面授权不但从A社长到B氏、C氏，也扩大到他们下面的相关部门和个人，从而有效地改变了前任社长的决策、管理模式。当初被授权的员工普遍感到不安，现在则视之为理所当然。X社的变革虽然还有很长的路要走，但已经距离A社长的愿景越来越近了。

## 全面授权模式的注意事项

全面授权模式的实施，从个人到组织，都可能产生良好的影响。但在实施过程中，也需要从风险、权限和中途干涉三方面予以应对。

（1）风险

首先，授权前需要考虑，如果课题的实施失败了会怎样？尤其在培养被授权者方面，更可能使后者丧失自信。能否彻底考虑风险，是衡量领导者对被授权者支持程度的指标之一。

考虑风险，可以从课题的影响范围入手。如果失败了，产生的影响是仅限于部门内上司和部下之间，还是波及团队中的其他成员，还是在全公司范围，甚至到公司外？

影响范围越大，风险就越高，规避的方法就越费时间和精力。因此，在授权前，必须做好预防措施。有时，甚至需完全规避风险，即不予授权。授权并不是万能的，必须要有风险意识。

（2）权限

全面授权模式难以出成果，还可能与被授权者的权限相关。有时，被授权者可能处境尴尬，被迫做出超出自己权限的决定。

在组织的层级结构中，人们都有各自的位置、权限和相应的工作职责。这并不一定与个人的能力完全相符。人们在组织中的行动无形中受到这样的制约。

例如，部门经理可能授权部下去与其他部门交涉，但部下并没有代表部门做出决定的权限。还有，在与客户打交道时，也可能被呵斥，“你说了不算，找你们领导来！”这都是组织结构中权限问题的反映。

实际上，在以上例子中，就需要同时拥有决定权和执行权的部门经理出面，只有他才拥有这样的权限。因此，在授权时，一定要考虑课题对权限的要求，也可以将授权分为课题的发现和实施两部分。

（3）中途干涉

全面授权，归根到底，责任还是由领导者承担。因此，在课题实施过程中，领导者与被授权者的关系难免变得微妙。

对领导者来说，全面授权的课题如果失败了，责任还是自己的，因此他希望被授权者不要辜负他的重托，一定取得成功；而对被授权者来说，既然授权了，就不需要再来干涉，自己要从头负责到尾。为此，一方小心翼翼，时刻准备救火；另一方却想独立到底。实际上，在全面授权模式中，因过度干涉而导致失败的案例不少。

那么，如何判断是过度干涉呢？这是由被授权者决定的。被授权者一旦做出这样的判断，全面授权模式也就名存实亡了。领导者希望借此发挥领导力，实现愿景的愿望也是不现实的。对此，双方应该坦诚沟通，增进理解，构筑信赖关系，避免使全面授权模式功亏一篑。

全面授权模式作为新的领导力技术，曾经备受关注。但由于实际运行中出现的失败案例，不少企业又回到传统的管理模式。毫无疑问，除了愿景的构建问题外，对全面授权模式中容易出现的风险、权限、中途干涉等问题的应对不足也是原因之一。所以，领导者在授权时，一定不要轻视这些问题。

本章讲了如何通过全面授权模式实现愿景。但是，不要忘了，在领导力发挥上，愿景的构建占 80%，实践占 20%。构建以 Will 为主导的愿景，是领导者成功的关键。大河之所以磅礴壮美，是因为汇聚了无数条生生不息的涓涓细流。同样，没有愿景的领导力，也是无根之水。愿每个人都有愿景，并努力去实现自己的愿景。

# 后记

我当过公司职员，也上过硕士、博士课程，对领导力的研究一直情有独钟。在公司上班时，我曾仔细观察包括直接上司在内的各级领导。上研究生时，我又广泛涉猎从古至今的领导力文献。我从中深受刺激、感动，后来更是义无反顾地投身于领导力的研究中。

同时，我也深感领导力实践之难。MBA 的其他科目，一般都可照本宣科地用于实践，可唯独领导力，理解了是一回事，做起来又是另一回事儿，完全与想象的不一样。我以前的很多同事，和现在商学院的学员，大多都是企业的中间管理层，他们或多或少都抱有如何发挥领导力的问题，而我也难以从已学习的理论和具体实践中给他们开出良方。

于是，我苦苦思索，多方考察，最终发现其关键在于愿景的构筑和实践，其中，愿景更是领导力的核心。这也成为我写作本书的契机。在此，谨向与我共烦恼，在领导力学习、思考、研究上予以帮助的众多同仁表示衷心的感谢，也谢谢在本书执笔过程中给予帮助的各位。

如果本书能增进你的领导力，消解些许烦忧，丰富你和你的合作伙伴的人生，那我将感到不胜欣慰。

北垣武文

2010年2月